FSC
www.fsc.org
RECYCLED
Papier aus
Recyclingmaterial
FSC® C014889

Bibliografische Information der Deutschen
Nationalbibliothek: Die Deutsche Nationalbibliothek verzeichnet diese Publikation in
der Deutschen Nationalbibliografie;
detaillierte bibliografische Daten sind im
Internet über http://dnb.d-nb.de abrufbar.

2. Auflage
© 2019, oekom verlag München
Gesellschaft für ökologische Kommunikation
mbH, Waltherstraße 29, 80337 München

Umschlaggestaltung: Studio SÜD, Ravensburg
Umschlagabbildung: Montage aus Bildern von
© Adobe Stock und © unsplash
Lektorat: Lena Denu, oekom verlag
Korrektorat: Maike Specht
Layout, Satz und Illustration: Studio SÜD,
Ravensburg

Druck: Friedrich Pustet GmbH & Co. KG,
Regensburg

Meine Reise nach Utopia

Das Journal für ein nachhaltiges Leben

INHALTS-VERZEICHNIS

Die Reise kann beginnen!

Statt zur Plastiktüte zum Stoffbeutel greifen,
Wasser sparen und das Auto auch mal stehen lassen —
Tipps für ein nachhaltiges Leben gibt es viele. Doch wo soll man anfangen?
Wie lassen sich all die guten Ratschläge
in den eigenen Alltag integrieren?

Dein Begleiter durchs Jahr

Mit diesem Journal hast du den idealen Begleiter gefunden. Es enthält nicht nur eine Fülle an Informationen und Anregungen zum nachhaltigen Leben, es ist auch Impulsgeber zur Weiterentwicklung. Es soll dir neue Einsichten und Inspirationen vermitteln, andere Wege aufzeigen und dir Mut machen, diese auch zu gehen—in ein bewusstes und erfülltes Leben.

Doch nicht alles lässt sich mit einem Fingerschnipsen ändern. Deshalb widmet sich jede Woche einem anderen Thema, bei dem du dich deinen Zielen Schritt für Schritt annähern kannst.

Zusätzlich ist es ein Mitmachbuch, das dich animieren will, Nachhaltigkeit ganzheitlich zu denken. Denn nachhaltiges Leben bedeutet nicht nur, verantwortungsvoll und achtsam mit der Umwelt, sondern auch mit dir selbst umzugehen, auf dich und deine Bedürfnisse zu achten und diese in Einklang mit den Bedürfnissen deiner Umwelt zu leben.

Diese Reise ist auch eine Reise zu dir selbst, Es ist ein Weg des persönlichen Wachstums.

Damit ist nicht Selbstoptimierung gemeint, sondern das ganz praktische Leben in dieser Welt, mit beiden Beinen auf dem Boden, in Kontakt mit dir und deinen Bedürfnissen. Und in Kontakt mit der Welt um dich herum.

Das Buch ist als Journal konzipiert, das dich ein ganzes Jahr lang begleitet. Da es keine Angabe zu Datum oder Saison macht, kannst du jederzeit loslegen und auch immer wieder einsteigen. Nachdem die Impulse und Anregungen aufeinander aufbauen, empfiehlt es sich, das Journal von vorne nach hinten durchzugehen.

Der Aufbau des Journals

Dein Journal ist in verschiedene Themenblöcke gegliedert, die sich mit den Bereichen Minimalismus, Ernährung, Müllvermeidung, nachhaltiger Konsum, Mobilität und Reisen, achtsamer Umgang mit dir selbst, Gesundheit sowie CO_2-Ersparnis befassen. Schritt für Schritt begleitet dich das Journal vom »Point Zero« über leicht umsetzbare Veränderungen bis hin zu schwierigeren Themen.

DEIN ABENTEUER STARTET JETZT!

Für jede Woche findest du zwei Doppelseiten:
⟶ Die erste Doppelseite erkennst du an der grünen Farbe. Sie enthält Tipps und Anregungen zu einem Nachhaltigkeitsthema. Das reicht von ganz praktischen Beiträgen zum Selbermachen über Tipps zu Gesundheit und Ernährung bis hin zu bewusstem Konsum und Engagement. Einmal im Monat wird diese Informationsseite durch einen Impuls zur persönlichen Entwicklung ergänzt, der sich durch die blaue Farbe abhebt. Die Impulse bauen aufeinander auf und begleiten dich bei deiner Veränderung.
⟶ Auf der zweiten Doppelseite bist du eingeladen, Notizen zu machen, deine Fortschritte festzuhalten und Themen zu reflektieren. Oder vielleicht zeichnest du lieber oder klebst etwas auf die Seiten? Lass deiner Kreativität freien Lauf! Für deine persönliche Entwicklung findest du hier auch weiterführende Übungen und Anregungen. Die Aktionsseiten erkennst du an der braunen Farbe.

WIR WÜNSCHEN DIR VIEL FREUDE DABEI, WOCHE FÜR WOCHE MEHR NACHHALTIGKEIT IN DEIN LEBEN ZU BRINGEN!

Bestandsaufnahme: Wo stehst du heute?

Jede Reise beginnt mit dem ersten Schritt.
Bevor du losgehst, lohnt sich ein Blick auf das Heute:
Wie ist die Lebensqualität in persönlichen und nachhaltigen Bereichen
deines Lebens? Der erste Schritt auf dieser Reise ist,
dir über deine heutige Lebenssituation klar zu werden. Wo stehst du?
Was hast du erreicht? Wie geht es dir?

Persönlichkeit

Trage auf den folgenden Skalen ein, wie hoch
du deine Lebensqualität in diesen sechs
Bereichen deiner Persönlichkeit einschätzt:

Gesundheit und Fitness

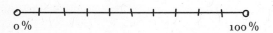

0 %　　　　　　　　　　　100 %

Familie und Freunde

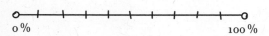

0 %　　　　　　　　　　　100 %

Partnerschaft und Sexualität

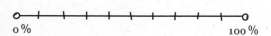

0 %　　　　　　　　　　　100 %

Beruf und Finanzen

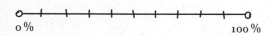

0 %　　　　　　　　　　　100 %

Sinn im Leben

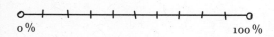

0 %　　　　　　　　　　　100 %

Nachhaltigkeit

Trage auf den folgenden Skalen ein, wie hoch
du deine Lebensqualität in diesen sechs
Bereichen der Nachhaltigkeit einschätzt:

Konsum und Bedarf

0 %　　　　　　　　　　　100 %

Lebensmittel und Ernährung

0 %　　　　　　　　　　　100 %

Mobilität und Reisen

0 %　　　　　　　　　　　100 %

Energie- und Wasserverbrauch

0 %　　　　　　　　　　　100 %

Verpackung und Müll

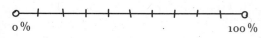

0 %　　　　　　　　　　　100 %

Was müsstest du tun, damit sich deine Lebensqualität erhöht?

Mit welchen Bereichen bist du zufrieden, welche könntest du noch verbessern?
Überlege dir, was du in den einzelnen Bereichen tun könntest, damit du näher
an 100 % kommst.

Gesundheit und Fitness

* ....

Familie und Freunde

* ....

Partnerschaft und Sexualität

* ....

Beruf und Finanzen

* ....

Sinn im Leben

* ....

Konsum und Bedarf

* ....

Lebensmittel und Ernährung

* ....

Mobilität und Reisen

* ....

Energie- und Wasserverbrauch

* ....

Verpackung und Müll

* ....

MEINE WOCHE

Neues Jahr,
neues Glück!

Reisen bedeutet: Andere Wege gehen, sich auf Unbekanntes einlassen.

Was könntest du in dieser Woche zum ersten Mal oder seit Langem wieder tun? Probiere es aus!

✳ ....

✳ ....

✳ ....

✳ ....

✳ ....

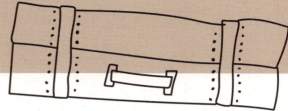

Wie ist es dir damit ergangen?

✳ ....

✳ ....

✳ ....

MEINE NOTIZEN

Minimalismus für Einsteiger

Minimalistisch leben heißt: sich auf das Wesentliche beschränken.
Dafür musst du nicht gleich in eine Blockhütte im Wald ziehen.
Die folgenden Tipps helfen dir, Entscheidungen zu treffen,
die dein Leben Schritt für Schritt einfacher und befreiter machen.

Brauche ich das wirklich?

Wir kaufen ständig Dinge, die wir nicht wirklich brauchen, nur weil sie gerade billig, verfügbar oder in sind. Doch die Dinge, die wir besitzen, besitzen eines Tages uns—weil wir uns um sie sorgen, uns mit ihnen beschäftigen, uns um sie kümmern müssen. Wer einfacher leben möchte, kauft auch einfach mal nichts.

Selber kochen mit frischen Zutaten

Fertig- und Halbfertiggerichte sind alles andere als minimalistisch: Sie stecken voller Zusatzstoffe. Echtes Essen braucht das nicht. Darum koche lieber selber: mit frischen, einfachen Zutaten aus der Region, mit Zeit, Muße und Ruhe. Das ist besser für dich und den Planeten —und gutes Essen macht bekanntlich glücklich.

Weniger Fleisch essen

Die Billigpreise in den Discountern lassen es uns vergessen, aber Fleisch ist im Grunde Luxus. Auch hier heißt es: lieber weniger und dafür in besserer Qualität. Wer so handelt, spart Geld, Aufwand und kann sich ganz neue Perspektiven eröffnen. Auch ohne Fleisch kann man wunderbare Gerichte zaubern! Tipps, wie du ein bisschen veganer wirst, erhältst du auf S. 44/45.

Eigene Lebensmittel anbauen

Selbst auf dem kleinsten Balkon oder Fensterbrett kannst du ein wenig Gemüse oder Kräuter anbauen. Die so entstehenden Lebensmittel sind auf jeden Fall frei von Zusatzstoffen und benötigen keine Verpackungen oder langen Transportwege—und du isst, was eben gerade wächst. Wie du dein eigenes Obst und Gemüse anbauen kannst, erfährst du auf den Seiten 68 bis 74.

Leitungswasser trinken

Das einzig wirklich überlebenswichtige Getränk kommt zu Hause aus dem Wasserhahn. Wieso also noch Flaschen schleppen? Mach doch einfach Schluss mit teuren Getränken in Plastikflaschen, und trinke Leitungswasser—das spart Geld, Ressourcen und Schlepperei. Wenn du nicht auf Kohlensäure verzichten willst, kannst du mit einem Wassersprudler Abhilfe schaffen.

EINFACH BEWUSST

Einfach mal abschalten

Der Fernseher ist auf Stand-by, der Wäsche-
trockner läuft, das Smartphone lädt, und alle
Lichter brennen? Schalt doch einfach mal ab.
Bewusst seinen Stromverbrauch zu reduzieren
macht einen automatisch minimalistischer.
Und glücklicher—wenn nicht sofort, dann
spätestens, wenn die Stromrechnung kommt.
Mehr zum Thema Energiesparen erfährst du
auf S. 184/185.

Selbst reparieren

Minimalistisch leben heißt nicht nur, mit wenigen Dingen auszukommen, sondern diese
auch möglichst lange zu nutzen. Versuche doch,
selbst zu reparieren, wenn das nächste Mal
etwas kaputtgeht. Oft ist das viel einfacher,
als man denkt, und gibt uns eine gewisse Wert-
schätzung für alltägliche Gegenstände und
Fähigkeiten. Hilfe findest du bei Reparaturtreffs
und Infos auf S. 36/37.

Kleiderschrank ausmisten

Wetten, du findest dabei Teile, die du ewig nicht
getragen hast und wahrscheinlich auch nicht
mehr tragen wirst? Du musst deinen Schrank-
inhalt ja nicht gleich auf eine Handvoll Teile
reduzieren. Einfach mal radikal auszumisten
kann sehr befreiend sein. Je weniger in deinem
Kleiderschrank hängt, desto weniger lange
musst du dich außerdem am Morgen mit der
Frage quälen, was du anziehen willst—und
desto mehr Zeit hast du für wichtigere Dinge.
Schau dir die Challenge auf S. 22/23 an!

Verpackungsfrei einkaufen

Weniger Verpackung bedeutet weniger Müll,
weniger überflüssiger Kram und weniger Zeit-
verschwendung fürs Auspacken und Entsorgen.
Das geht natürlich nicht immer und überall,
aber zum Beispiel auf Wochenmärkten oder
in verpackungsfreien Läden funktioniert das
Einkaufen auch ohne Plastikmüll. Mehr zum
Thema erfährst du auf S. 88/89.

Zeit für dich

Minimalistisch leben heißt auch, nicht immer
nach Unterhaltung und Gesellschaft streben zu
müssen. Nimm dir mehr Zeit für dich und für
Dinge, die dir guttun. Mach Yoga, geh spazieren,
oder tu einfach mal absolut gar nichts. Entspannung und Ruhe findet jeder auf seine Weise
—wichtig ist nicht WIE, sondern DASS du hin
und wieder zur Ruhe kommst. Wenn du es nicht
anders schaffst, plane feste Zeiten dafür ein.

Minimalistisch leben

Mini = Maxi

Welche von den auf den Seiten 12–13 vorgeschlagenen Tipps zum minimalistischen Leben könntest du direkt umsetzen?

✳ ....

✳ ....

✳ ....

✳ ....

✳ ....

Versuche diese Woche, dich an drei der leicht umsetzbaren Tipps zu halten. Welche sind dies?

✳ ....

✳ ....

✳ ....

Wie waren deine Erfahrungen mit den drei Tipps?

* ....

* ....

* ....

* ....

MEINE NOTIZEN

So wirst du unnötigen Ballast los

Über die Jahre sammeln sich immer mehr Gegenstände
in den eigenen vier Wänden an — Dinge, die nicht nur Platz brauchen,
sondern oft auch Aufmerksamkeit und Energie kosten.
Mit diesen Tipps wirst du unnötige Dinge ganz einfach los.

MACH DICH FREI!

Kleine Schritte

Geht es dir auch so: Wenn du nur in den Kleiderschrank, den Keller oder das Bücherregal schaust, stehst du vor einem Riesenberg, und der Gedanke, hier Klarschiff machen zu müssen, raubt dir sämtliche Energie? Natürlich wäre es schön, wenn das Ausmisten in einem Rutsch ginge, nur ist das in den seltensten Fällen machbar und realistisch. Nimm dir stattdessen kleine Schritte vor, die leicht zu bewältigen sind: heute eine Kommode, morgen ein Fach im Kleiderschrank, übermorgen das nächste usw. Wenn die kleinen Schritte immer noch zu groß sind und dein Motivationsschwung etwas nachlässt: Wähle jeden Tag nur ein Stück aus, auf das du künftig verzichten kannst.

Der Nutzencheck

Wenn du Kleidungsstücke, Haushaltsgeräte, Bücher und andere Gegenstände lange nicht genutzt hast, dann solltest du überlegen, ob du sie wirklich noch brauchst. Frage dich bei Kleidung:
❍ Was ziehst du gerne und oft an?
❍ Was liegt/hängt seit Langem nur herum?
❍ Passen dir die Sachen noch?

Ähnliche Fragen kannst du dir bei anderen Dingen in deinem Haushalt stellen:
❍ Was nutzt/brauchst du wirklich?
❍ Was liegt seit Monaten nur herum und wird nicht genutzt?
❍ Hast du einige Gegenstände doppelt und brauchst nur ein Exemplar davon?
❍ Hat sich dein Geschmack geändert, sodass du einige Sachen vielleicht gar nicht mehr magst?

Die Kistenmethode

Die Dinge, die du nicht nutzt, kannst du nun in verschiedene Kisten einräumen.
❍ Dinge, die du verkaufen kannst
❍ Dinge, die du verschenken oder spenden möchtest
❍ Dinge, die entsorgt werden müssen
Räume nur das wieder ein, was du wirklich gebraucht. Du wirst merken, dass es befreiend wirkt zu entrümpeln. Du wirst dich über den gewonnenen Platz und die Ordnung in Schränken und Kommoden freuen.

Tipp: Die Aus-den-Augen-Methode

Wenn du dich nicht sofort von einigen Dingen trennen willst, gib ihnen ruhig einen Aufschub. Sammle diese Sachen in einem Karton. Beschrifte ihn mit einer Bestandsliste. So weißt du immer, welche Gegenstände du dort hineingelegt hast, falls du sie auf einmal doch benötigst. Schaue nach einigen Monaten wieder in den Karton, und frage dich, ob du für diese Dinge wirklich noch Verwendung hast. Haben sie dir während ihrer Zeit im Karton gefehlt? Wenn die Antwort »Nein« lautet, solltest du dich wirklich von ihnen trennen.

Wohin mit den Sachen?

Du hast ausgemistet, und nun stellt sich die Frage: Wohin mit all den Sachen? Es gibt mehrere Möglichkeiten, deinen aussortierten Dingen ein zweites Leben zu schenken:

◔ Du kannst Anzeigen in Onlineportalen einstellen, wie zum Beispiel bei eBay-Kleinanzeigen. Dort kannst du die Sachen verkaufen, tauschen oder verschenken.

◔ Stelle dich mit deinen aussortierten Dingen auf einen Flohmarkt, oder gib sie in einen Flohmarktladen.

◔ Sprich mit lokalen Organisationen, ob sie deine abgelegten Sachen als Spende gebrauchen können.

◔ Frage Freunde und Bekannte, ob sie etwas haben wollen.

◔ Erkundige dich, wie du Sachen bei Onlinetauschbörsen aufgeben kannst.

Aufgeräumt bleiben

Bist du alles Überflüssige schließlich losgeworden, kommt erst die wahre Herausforderung: minimalistisch zu bleiben und nicht wieder Unmengen an Sachen anzuhäufen. Dabei helfen diese Tipps:

◔ Mache alles möglichst sichtbar. Von Klamotten über Lebensmittel bis hin zu Büchern. Verstaue deine Sachen nicht in der hintersten Ecke deines Schranks oder im obersten Regal der Abstellkammer. Denn nur wenn du deine Dinge im Blick hast, weißt du, was du besitzt, und kaufst nicht unnötig Neues.

◔ Bevor du etwas Neues kaufst: leihe, tausche, repariere.

◔ Für jedes Teil, das neu gekauft wird, kommt ein altes weg. So bleibt die Anzahl deiner Besitztümer immer dieselbe. Besonders gut lässt sich das auf Kleidung, Bücher oder Dekogegenstände anwenden.

Ausmisten befreit!

Wie wäre es diese Woche mit einer Ausmistaktion?

Ob Bücherregal, Schreibtisch oder Wohnzimmerkommode: Befreie dich von Altlasten!
In welcher Reihenfolge könntest du deine Wohnung entrümpeln? Stelle eine Prioritätenliste auf,
und gehe diese Woche Prio 1 an. Falls dein Kleiderschrank höchste Priorität hat, fang mit Prio 2 an,
denn deinem Kleiderschrank widmen wir uns nächste Woche.

1. ....

2. ....

3. ....

4. ....

5. ....

6. ....

7. ....

8. ....

Beim Ausmisten sind dir sicher Dinge aufgefallen, die du zu oft und sinnlos gekauft hast.
Auf welche davon kannst du wohl künftig verzichten?

✳ ....

✳ ....

✳ ....

MEINE NOTIZEN

Der minimalistische Kleiderschrank

*Wechselnde Kollektionen, neue Trends, Schnäppchenpreise:
Die Modeindustrie verführt uns dazu, ständig Neues zu kaufen —
auch wenn wir das meiste davon gar nicht brauchen.
Das Ergebnis ist ein Schrank voller Klamotten, von denen wir laut einer
Greenpeace-Umfrage gerade mal etwa ein Drittel regelmäßig tragen.*

BASIC, BABY!

Deine Capsule Wardrobe

Capsule Wardrobe—diesen Begriff hast du sicherlich schon häufiger gehört oder gelesen. Doch was verbirgt sich dahinter? Gemeint ist ein Konzept für einen minimalistischen Kleiderschrank. Das Prinzip ist einfach: Die Garderobe besteht nur aus wenigen, aber wichtigen Teilen, die gut kombinierbar und zeitlos sind. Alle drei Monate, also saisonal, wird die Capsule Wardrobe neu arrangiert —nur wenn wirklich etwas fehlt, wird es dazugekauft. Klamotten anderer Saisons werden gelagert und zur richtigen Zeit wieder in die Garderobe integriert—frisch kombiniert und neu entdeckt.

Mach dir also einen Plan: Überlege genau, welche Kleidungsstücke du für welchen Anlass brauchst, was du gerne hättest und was du glaubst haben zu müssen, nur weil es gerade angesagt ist.

Sehr wahrscheinlich besitzt du die meisten Klamotten für einen minimalistischen Kleiderschrank bereits: ein Grundstock an vielseitig kombinierbaren Basics, in denen du dich wohlfühlst. Falls du dich doch für etwas Neues entscheidest, überlege dir vor dem Einkaufen, welche Schnitte, Muster und Materialien du gerne trägst, und wähle neue Kleidungsstücke passend dazu aus. Mit einzelnen ausgefalleneren Secondhandteilen oder Fair-Fashion-Schätzen ergänzt, steht deine individuelle minimalistische Garderobe.

Jetzt geht's ans Ausmisten!

Wenn du nun deinen Kleiderschrank ausmisten möchtest, gehe am besten wie folgt vor: Am Anfang machst du eine Bestandsaufnahme. Räume deinen Kleiderschrank komplett aus, und sortiere deine Klamotten nach Kategorien: Oberteile, Hosen, Kleider, Röcke. Nimm dir dann jedes Teil einzeln vor: Was trägst du gerne und häufig? Welche Farben und Schnitte gefallen und stehen dir gut? Und worin fühlst du dich wohl?

Mache nun drei Stapel:

→ Stapel 1 ist die Kleidung, die du oft und gerne trägst. Sie darf nach der Ausmistaktion wieder in den Schrank zurück.

→ Auf Stapel 2 befinden sich die Kleidungsstücke, die du loswerden willst. Sie bekommen ein zweites Leben.

→ Auf Stapel 3 dürfen all diejenigen Kleider, bei denen du dir unsicher bist. Verbanne sie in eine Kiste nach der Aus-den-Augen-Methode von S. 17. Wenn du diese Kleidungsstücke im nächsten Monat nicht vermisst, kommen sie wie Stapel 2 in andere Hände. Wenn dir das eine oder andere Teil aus der Kiste doch nicht aus dem Kopf geht, bekommt es noch einmal eine zweite Chance in deinem Kleiderschrank. Was du nun mit deinen ausgemisteten Sachen anfangen kannst, liest du im folgenden Themenblock auf den Seiten 28 bis 37.

»Richtig« shoppen und minimalistisch bleiben

Damit dein Kleiderschrank minimalistisch bleibt und in ein paar Monaten nicht wieder aus allen Nähten platzt, solltest du ein paar Regeln beherzigen:

→ »Richtig« shoppen heißt, nicht zu shoppen. Du brauchst etwas für einen einmaligen Anlass? Vielleicht kannst du dir bei Freunden und Verwandten etwas leihen, statt es neu zu kaufen.

→ Überlege dir vorher, was du brauchst. Brauchst du überhaupt etwas? Wenn ja, kaufe nur das und auch nur, wenn es dir wirklich gefällt.

→ Frustshoppen war so ziemlich jeder schon einmal, und auch Belohnungskäufe sind weit verbreitet. Oft kaufen wir nicht aus der Not heraus, sondern weil wir uns etwas gönnen wollen. Was das ist, ist Nebensache. Und so landet die nächste Schrankleiche in der Einkaufstasche. Vielleicht gibt es ja etwas Besseres als Klamotten, das du dir gönnen könntest?

→ Achte auf Materialien: Naturfasern wie Baumwolle, Leinen, Hanf, Wolle, Seide etc. sind langlebig. Synthetikfasern wie Polyester hingegen müffeln schnell, sind unangenehm auf der Haut und verunreinigen zudem unser Grundwasser.

→ Kaufe Secondhand. Hier findest du meist die schönsten Schätze. Außerdem verhinderst du, dass etwas Neues produziert wird, und sparst oft Geld.

Link-Tipp

Listen mit nachhaltigen Mode-Labels und Fashion-Shops findest du auf www.utopia.de/bestenlisten.

Sieben Tage – sieben Teile

Challenge aus dem Kleiderschrank

Versuche eine Woche lang, Outfits mit sieben deiner Lieblingsteile (ohne Schuhe und Unterwäsche) zu kreieren. Am besten suchst du dir mindestens drei Oberteile und drei Unterteile.
Achte dabei darauf, dass sich jedes Unterteil mit mindestens zwei der Oberteile kombinieren lässt.

Welche Lieblingsklamotten möchtest du für deine Minigarderobe auswählen?

✱ ....

✱ ....

✱ ....

✱ ....

Wie lassen sich die sieben Teile kombinieren?

✱ ....

✱ ....

✱ ....

Ballast loswerden

Wie bist du mit deiner Prioritätenliste von vor einer Woche vorangekommen?
Welche »Baustellen« willst du dir in nächster Zeit vornehmen?

✳ ....

✳ ....

✳ ....

MEINE NOTIZEN

So geht's weiter: Nachdem du dich in den letzten Wochen mit dem Gerümpel in der Wohnung auseinandergesetzt und kräftig ausgemistet hast, kommt die Frage auf: Wohin mit dem ganzen Zeug? Der nächste Themenblock widmet sich dem Tauschen, Leihen und Reparieren!

Deine Ziele für das Jahr

Wohin soll die Reise gehen, bei der dich dieses Journal begleitet?
Willst du ein großes Ziel verfolgen oder mehrere kleine?

Dein Ziel festlegen

In den letzten Wochen hattest du Gelegenheit, dich damit zu befassen, wo du heute stehst und wohin die Reise führen soll. Jetzt geht es darum, konkrete Reiseziele festzulegen. Das kann ein Ziel für das gesamte Jahr sein oder auch mehrere Ziele, die du schneller erreichst. Vielleicht legst du heute auch erst einmal nur einen kleineren Vorsatz für die nächsten zwei, drei Monate fest. Auch wenn die Versuchung groß sein sollte, gleich viele Ziele zu definieren, die du parallel verfolgen willst: Für den Anfang ist es besser, sich nur auf eines zu fokussieren und die anderen im Anschluss anzugehen.

Dein Ziel formulieren

Der erste Schritt ist, dein Ziel schriftlich zu formulieren. Damit wird es klar und verbindlich, und du kannst später überprüfen, ob du es auch wirklich erreicht hast.

Die Kriterien für ein Ziel sind:

→ **Konkret und positiv formuliert:** Was genau willst du? Falls die Formulierung eine Negierung wie »nicht« enthält (etwa »nicht mehr so viel Auto fahren«), frag dich, was du stattdessen willst. Woran konkret wirst du merken, dass du dein Ziel erreicht hast? »Konkret« heißt auch überprüfbar, die Zieldefinition enthält also typischerweise ein (End-)Datum oder eine Formulierung wie »Ich lebe den gesamten Monat über vegan«.

→ **Selbst erreichbar:** Kannst du dein Ziel mit oder ohne fremde Hilfe erreichen?

→ **Motivierend:** In welcher Hinsicht bringt dich das Erreichen des Ziels weiter? Was wird dann anders oder besser sein?

→ **In dein Umfeld passend:** Was wird geschehen, wenn du dein Ziel erreichst? Welche Auswirkungen wird das auf deine Familie, Freunde und Kollegen haben? Was musst du für dein Ziel eventuell aufgeben? Passt das Ziel überhaupt zu dir? Steht es in Einklang mit deinen übrigen Plänen und Werten?

Nimm dir ein Blatt Papier, und formuliere dein Ziel anhand dieser Kriterien. Sobald du mit der Formulierung zufrieden bist, übertrage es auf die nächste Doppelseite in diesem Journal.

SCHRITT FÜR SCHRITT

Das Ziel visualisieren

Dann stelle dir diese Fragen:

→ Woran wirst du merken — äußerlich und innerlich —, dass du dein Ziel erreicht hast?

→ Mit welchen Gefühlen ist das Erreichen des Ziels verknüpft?

→ Angenommen, du hast es geschafft: Was siehst du vor deinem geistigen Auge? Was hörst und fühlst du? Das Visualisieren ist wie ein Testlauf, wie es sein wird, wenn du dein Ziel erreicht hast. Je lebendiger diese Vorstellung ist, desto größer ist die Zugkraft. Das soll dir dabei helfen, es auch zu erreichen.

Einen Plan B entwerfen

Die US-Psychologin Gabriele Oettingen hat in einer Reihe von Experimenten[1] festgestellt, dass das Visualisieren von Zielzuständen durchaus eine positive Wirkung hat. Sie hat aber auch herausgefunden, dass diese Wirkung noch weitaus stärker ist, wenn man sich neben den positiven Aspekten auch mit den Hindernissen beschäftigt, die beim Erreichen des Ziels im Weg stehen können. Deshalb: Notiere die Antworten auf die folgenden Fragen auf den nächsten Seiten im Journal. Lass dir dabei Zeit, und stelle dir wieder mit allen Sinnen vor, was geschehen könnte.

→ Was sind die drei größten Hindernisse, die dem Erreichen deines Ziels im Weg stehen könnten?

→ Welche Schritte kannst du unternehmen, damit die Hindernisse gar nicht erst auftreten?

→ Wie gehst du mit den Hindernissen um, falls sie doch auftauchen?

Natürlich können später noch andere Hindernisse auftauchen. Auch wenn die Versuchung groß ist: Es geht nicht darum, jetzt sämtliche denkbaren Schwierigkeiten zu identifizieren und für jedes davon einen detaillierten Notfallplan auszuarbeiten. Dann kommst du niemals dazu, den ersten Schritt zu machen. Es reicht, wenn du weißt, dass du auf die drei wichtigsten Hindernisse vorbereitet bist.

....

Mein Ziel

....

Notiere hier dein Ziel nach den Kriterien:

Konkret und positiv formuliert

Selbst erreichbar

Motivierend

In dein Umfeld passend

✳ ....

....

Mögliche Schwierigkeiten

Hier ist Platz für Stichpunkte zu den drei wichtigsten Hindernissen, die dem Erreichen deines Ziels im Weg stehen könnten.

✳ ....

✳ ....

✳ ....

Mein Plan B

Welche Schritte kannst du unternehmen, damit die Hindernisse gar nicht erst auftreten?
Und wie gehst du mit den Hindernissen um, falls sie doch auftauchen?

✳ ....

✳ ....

MEINE
NOTIZEN

Tauschen statt kaufen: Tauschbörsen

*Wohin mit all den Dingen, die du nicht mehr brauchst?
Wenn Wegwerfen zu schade ist und das Verkaufen etwa von Büchern
nur Centbeträge einbringt: warum dann nicht einfach
gegen nützlichere Dinge tauschen? Onlinetauschbörsen machen es möglich.*

AUS ZWEITER, DRITTER, VIERTER HAND...

Online tauschen

Wer ausgemusterte, aber gut erhaltene Besitztümer einfach wegwirft, ist für unsere Res-
sourcenverschwendung mitverantwortlich:
Im Müll verschwindet damit ein unverbrauch-
ter Gegenstand, während er anderswo aufwendig produziert wird. Durch Tauschen über
Onlinetauschbörsen lässt sich dieser Kreislauf
durchbrechen und unnötige Umweltbelastung
vermeiden. Es gibt lokale Tauschpartys und
Flohmärkte, doch das Internet ermöglicht noch
mehr Tauschgelegenheiten und vergrößert die
Chance, auf Gleichgesinnte zu stoßen.

Kleidung, Bücher & Co. tauschen

Wer gut erhaltene Gegenstände von einigem
Wert abzugeben hat, dem mag der Verkauf auf
Gebrauchtkaufportalen besser erscheinen.
Für Elektronikartikel, teure Klamotten, Möbel
oder Schmuck ist dies auch oft die beste Idee.
Auch Bücher, DVDs und CDs zu tauschen ist oft
erfolgreiche. Wer weiß, vielleicht stößt du ja
beim Stöbern auf genau den Klassiker, den du
schon lange suchst. Raritäten und Liebhaber-
stücke findest du in Tauschbörsen bestimmt—
und das auch noch, ohne dafür Geld ausgeben
zu müssen.

So funktionieren Onlinetauschbörsen

Im Prinzip funktioniert das Tauschen im Internet genau wie das Tauschen im richtigen Leben.
Bei einigen Tauschbörsen nutzt man allerdings
für angebotene und vergebene Artikel Tausch-
punkte, eine Art virtuelle Währung, die je nach
Plattform einen anderen Namen hat. Mit diesen Tauschpunkten kann man nun auf Streifzug
gehen, nach Artikeln der anderen Nutzer suchen und diese damit »erwerben«. Das hat den
Vorteil, dass man nicht an Ort und Stelle etwas
1:1 tauschen muss, sondern bequem suchen
kann, bis man etwas von Interesse findet. Die
virtuelle Währung bindet jedoch auch an die
jeweilige Tauschbörse und deren Angebote.

www.tauschticket.de ist nach eigenen Angaben
»Deutschlands meistbesuchte Tauschbörse«.
Über eine Million Artikel sind verfügbar, der
Schwerpunkt liegt auf Büchern, Filmen und
Musik. Zum Tauschen wird die imaginäre Wäh-

rung »Tickets« verwendet. Ein Direkttausch von Waren gegen Waren ist nicht möglich. Um auf der Plattform handeln zu können, muss man also erst einmal selbst Artikel einstellen, um Tickets zu erhalten. Die Preise liegen immer zwischen einem und fünf Tickets. Die Anmeldung bei Tauschticket ist zwar kostenlos, danach muss man aber ein Guthaben auf sein neues Konto laden. Pro Tausch fallen Kosten von 49 Cent an, die vom Guthaben abgebucht werden. Auf www.bambali.de können die unterschiedlichsten Waren und Dienstleistungen mithilfe der internen Währung, den »Bambali-Talern«, getauscht werden — auch ein Direkttausch ist möglich. Es fallen keine Gebühren an. Auf www.tauschgnom.de handelt man mit der imaginären Währung »Token«. Ein Produkt kann maximal fünf Token kosten, Gebühren fallen keine an. Auch ein Direkttausch ist hier möglich. Es werden in erster Linie Bücher, Filme, Hörbücher und Kleidung gehandelt. Laut Tauschgnom sind über 130.000 Produkte verfügbar.

eBay bietet in seinem Kleinanzeigenportal www.ebay-kleinanzeigen.de auch eine Rubrik »Tauschen«. Hier gibt es keine imaginäre Währung. In der Regel schreiben die Anbieter in ihre Anzeige, gegen welchen Artikel sie gerne tauschen würden. Das verringert in vielen Fällen die Wahrscheinlichkeit, dass zwei Tauschpartner zueinanderfinden. Das gleichen die enorme Reichweite und die großen Nutzerzahlen der Plattform jedoch ein Stück weit aus.

Weitere Tauschbörsen

→ Auf www.kleiderkreisel.de findest du Mode für Erwachsene zum Kaufen, Verkaufen, Tauschen und Verschenken.

→ www.mamikreisel.de ist spezialisiert auf Kinder- und Umstandskleidung.

→ Für Spieleliebhaber gibt es die Videospieltauschbörse www.game-change.de.

→ Gebrauchtportale, Tauschbörsen und Sharing-Systemen findest du unter www.utopia.de/bestenlisten.

MEINE WOCHE

Im Tauschrausch

Tauschen – wie früher auf dem Schulhof

In den letzten Wochen hast du deine Wohnung ziemlich auf den Kopf gestellt. Überlege, welchen Dingen, die du nicht mehr benötigst, du auf Tauschbörsen ein neues Leben schenken kannst.

✳ ....

✳ ....

Welche Gegenstände möchtest du in nächster Zeit anschaffen?
Durchforste Tauschbörsen und Flohmärkte danach.

✳ ....

✳ ....

✳ ....

Das ist mir am nachhaltigen Leben wichtig

Ernährung, Konsum, Tierschutz, Naturverbundenheit?
Führe hier auf, welche Bereiche dir in einem nachhaltigen Leben besonders wichtig sind.

✳ ....

✳ ....

✳ ....

MEINE NOTIZEN

Sharing Economy: Dinge gemeinsam nutzen

*Noch vor 100 Jahren kam ein durchschnittlicher Haushalt
in Deutschland mit 180 Gegenständen aus.
Laut dem Statistischen Bundesamt sind es heute rund 10.000 Gegenstände.
Viele dieser Dinge nutzen wir nur selten, einige sogar nie.*

Mithilfe einer wachsenden Sharing Economy werden Produkte heute von privat zu privat getauscht, verliehen, vermietet oder verkauft. Sie hat großes Potenzial, unseren Konsum umweltverträglicher zu gestalten und uns darüber hinaus mit Menschen in Kontakt zu bringen, denen wir sonst vielleicht nie begegnet wären. Es kommt darauf an, kurzlebige Produkte oder unnötige Neukäufe zu umgehen, sich nicht von den finanziellen Ersparnissen zu zusätzlichen Anschaffungen verführen zu lassen und stattdessen zu leihen, zu tauschen und Gebrauchtes zu verwenden.

Miet- und Leihbörsen

Bei www.mietmeile.de kann man alles, was nicht täglich benötigt wird, mieten oder verleihen. Auf der Plattform können sowohl Privatpersonen als auch Unternehmen Inserate gegen eine Gebühr schalten. Für Mieter ist www.mietmeile.de kostenlos, üblicherweise verlangen die Vermieter aber eine Mietgebühr. www.frents.com will das Leihen und Verleihen in der Nachbarschaft und im Freundeskreis erleichtern. Hier kannst du gebührenfrei Angebote und Anfragen einstellen. Wer etwas verleiht, kann eine Gebühr dafür verlangen (muss aber nicht, weil auch keine Vermittlungsgebühr anfällt).

Lokale Verleihplattformen

Mal schnell ein Werkzeug ausleihen — das funktioniert am einfachsten, wenn das Werkzeug direkt übergeben werden kann und nicht erst per Post verschickt werden muss. Solche Nachbarschaftsplattformen gibt es in einigen Städten, etwa Berlin (www.fairleihen.de) oder Leipzig (www.depot-leipzig.de).

Carsharing

Autos stehen laut dem Kraftfahrtbundesamt im Schnitt 23 Stunden pro Tag still und blockieren in den Städten Platz, der für öffentlichen Verkehr oder Wohnungen genutzt werden könnte. Hinzu kommen hohe Anschaffungs- und Unterhaltskosten — laut ADAC kostet Autofahren im Durchschnitt 332.000 Euro im Leben. Kein Wunder also, dass immer mehr umweltbewusste Fahrer Autos gemeinsam erwerben, teilen oder nur noch bei Bedarf mieten. Es gibt eine breite Palette an Carsharingplattformen von Vereinen und Unternehmen.

SHARING IS CARING

Der Markt ist derzeit stark in Bewegung, weil große Automobilhersteller eigene Carsharingdienste gegründet haben und kleinere Mitbewerber aufkaufen. Empfehlungen für überregionale Plattformen sind deshalb schwierig. Am besten informierst du dich, welche Möglichkeiten du vor Ort hast.

....

Übernachtungen

Die Grundidee ist bestechend: Statt in fremden Städten teuer in Hotels oder Pensionen zu wohnen, übernachtet man lieber günstig bei Privatpersonen. Airbnb hat daraus ein erfolgreiches Geschäftsmodell entwickelt. Für Reisende ist das praktisch, das Angebot hat aber auch problematische Seiten:

→ Ursprünglich sollten Mieter ihre »normalen« Wohnungen untervermieten, wenn sie selbst einmal abwesend sind oder ein Zimmer frei haben. Doch die Realität sieht oft anders aus: Ganze Wohnungen werden nur noch gekauft und angemietet, um sie an Reisende weitervermieten zu können. Dadurch lassen sich höhere Einnahmen als über »reguläre« Langzeitvermietungen erzielen.

→ Gerade in Städten mit ohnehin angespanntem Wohnungsmarkt wird es nun noch schwieriger, eine Wohnung zu finden — vor allem für Menschen mit geringerem Einkommen. Nachhaltiger und transparenter will die Anfang 2019 gestartete Plattform www.fairbnb.coop arbeiten. Die Plattform will sicherstellen, dass die Anbietenden ihre Wohnungen maximal 60 Tage im Jahr vermieten.

....

Kinderkleidung und -spielzeug

Kinder und besonders Babys wachsen aus ihren Anziehsachen so schnell heraus, dass sie ihre Kleidungsstücke oft nur wenige Male tragen, ehe sie die nächste Größe brauchen. Das ist nicht nur schade um die schönen Stücke, sondern auch kostspielig. Es gibt mittlerweile aber einige Onlineplattformen, auf denen man Kinderkleidung leihen und mieten kann. Solche Plattformen schonen die Ressourcen unserer Umwelt, da sie den Konsum und damit die Produktion von Neuware eindämmen. Dazu zählen www.kilenda.de, www.kindoo.de und der auf ökologische Kleidung spezialisierte Anbieter www.raeubersachen.de.

Tauschen
statt kaufen

Mach eine Aufstellung mit Gegenständen
- die du besitzt und nicht ständig benötigst
- die du anderen leihen würdest

✶ ....

✶ ....

✶ ....

Welche Dinge nutzt du nur einmal im Jahr?

✶ ....

✶ ....

✶ ....

Sharing is caring

Frag Freunde, Verwandte und Nachbarn, ob sie sich an einer Art Tauschring beteiligen wollen, in dem ihr euch gegenseitig Dinge leiht. Vielleicht gibt es auch größere Gerätschaften, die ihr gemeinsam anschaffen wollt.

✳ ....

✳ ....

✳ ....

MEINE NOTIZEN

Repair-Cafés: Wegwerfgesellschaft ade!

Wenn es nach der Industrie geht, sollten wir kaputte Geräte nicht reparieren, sondern durch neue ersetzen. Dass es auch anders geht, zeigen Repair-Cafés: Hier helfen Freiwillige, defekte Geräte kostengünstig instand zu setzen.

Reparieren statt wegwerfen

Konzerne produzieren ständig neue Waren, die schnell kaputtgehen und ohne Spezialwissen schwer zu reparieren sind. Sie landen unweigerlich im Müll und werden durch neue ersetzt. Das beschert uns riesige Müllmassen —vor allem Elektroschrott ist für Umwelt und Gesundheit äußerst bedenklich. Zugleich erhöht die kurze Lebensdauer vieler Produkte die Herstellungsmengen und führt damit zu steigendem Rohstoffverbrauch und wachsender Umweltbelastung. Dabei sind oft nur Kleinigkeiten defekt, die eigentlich leicht repariert oder ausgetauscht werden könnten. Wenn man weiß, wie, und die nötigen Bauteile hat, lässt sich das Gerät rasch wieder in Betrieb nehmen.

Stiftungen helfen beim Aufbau von Repair-Cafés

Das Konzept der Repair-Cafés stammt aus den Niederlanden. Im Oktober 2009 fand in Amsterdam das erste Repair-Café statt. Seit 2011 unterstützt die Stiftung »Stichting Repair Café« lokale Initiativen bei der Einrichtung eines eigenen Reparaturtreffs. Das Konzept hat sich schon in rund 30 Ländern verbreitet, alleine in Deutschland findet man in mehreren Hundert Orten Repair-Cafés. Auch die deutsche Stiftung »anstiftung« unterstützt, berät und vernetzt Reparaturinitiativen und arbeitet mit Akteuren und Initiativen zusammen, die zu einer Kultur der Nachhaltigkeit und des gemeinschaftlichen Selbermachens beitragen wollen.

Link-Tipp: Repair-Café finden

Unter www.repaircafe.org findest du, nach Bundesland geordnet, eine Liste mit Reparaturtreffs der Stichting-Initiative in deiner Umgebung. Neben der Adresse sind hier auch der Link zur Website mit Öffnungszeiten sowie eine Kontaktmöglichkeit angegeben. So kannst du vorab klären, ob beim nächsten Treff jemand da ist, der sich mit deinem Gerät auskennt und dir beim Reparieren helfen kann. Alternativ kannst du unter www.reparatur-initiativen.de durch Eingabe der Postleitzahl oder des Ortes nach Reparaturtreffs suchen und dir im angeschlossenen Kalender die kommenden Veranstaltungen zeigen lassen.

DU BIST DER HAMMER!

Hilfe zur Selbsthilfe

Die Reparaturtreffs sind allerdings kein kostenloser Reparaturservice — das wäre eine Aufgabe des Herstellers. Ziel ist vielmehr eine gemeinschaftlich organisierte Hilfe zur Selbsthilfe, die von ehrenamtlichen Helfern getragen wird, die ihr Wissen und Können freiwillig und unentgeltlich zur Verfügung stellen. Wer einen Reparaturtreff besucht, ist aufgefordert, selbst bei der Reparatur mitzuhelfen. Benötigte Ersatzteile sind dementsprechend nicht kostenfrei. Zu den meisten Reparaturtreffs kannst du folgende defekte Gegenstände bringen:

- Elektrokleingeräte aus Haushalt und Büro (bei Großgeräten wie Waschmaschinen vorher nachfragen; Röhrenfernseher, Mikrowellen und Smartphones können meist nicht repariert werden — auch da solltest du dich zuerst informieren)
- mechanische Apparate, z. B. Uhren
- Kleinmöbel
- Fahrräder
- Spielzeug
- Kleidung

Üblicherweise wünschen sich die Veranstalter, dass man beim Besuch nur einen Gegenstand mitbringt, damit alle an die Reihe kommen.

Erfahrungen teilen

Geräte werden heute oft deshalb nicht mehr repariert, weil die dafür nötigen Kenntnisse fehlen — nicht weil man sie nicht wieder flottmachen könnte. Den meisten Hobbyreparateuren fehlt die Fähigkeit, eine Fehlerdiagnose zu stellen und das Problem dann zu beheben, außerdem sind Ersatzteile oft nur schwer zu bekommen. Deshalb dienen die Reparaturtreffs auch dazu, Fähigkeiten und Kenntnisse zu teilen und voneinander zu lernen — damit diese Fähigkeiten nicht verloren gehen und wieder mehr defekte Geräte vor der Müllhalde gerettet werden können. Es ist kein Zufall, dass viele Repair-Cafés im Rahmen von Seniorentreffs stattfinden — schließlich ist bei den älteren Generationen viel Fachwissen vorhanden, das die Senioren gerne weitergeben. Last, but not least sollen die Treffs auch zum gemütlichen Beisammensein und Austausch dienen.

Reparaturtreffs
in deiner Umgebung

Aus Alt mach Neu

Finde heraus, wo es in deiner Umgebung Repair-Cafés gibt und wann sie geöffnet haben.
Notiere dir die Adresse und die Öffnungszeiten.

* ....

* ....

Welche Geräte liegen ungenutzt bei dir herum, weil sie nicht mehr funktionieren?
Wie wäre es, wenn du mit einem davon ins Repair-Café gehst, um es dort zu reparieren?

* ....

* ....

* ....

* ....

Bei welchen Dingen hast du dich schon mal geärgert, dass sie zu früh kaputtgingen?

✳ ....

✳ ....

✳ ....

MEINE NOTIZEN

Fünf Wege, bewusster zu leben

Achtsamkeit ist mehr als nur ein Modewort: Sie hilft, unseren Alltag zu entschleunigen und Stress zu reduzieren. Was steckt hinter dem Konzept, und wie verbesserst du damit deine Lebensqualität?

Achtsam mit sich selbst sein

Im Alltag hetzen wir meist von einer Situation zur nächsten, denken beim Frühstück daran, was in der Arbeit ansteht, und in der Arbeit planen wir, was am Abend noch erledigt werden muss. Das verursacht Stress, der sich negativ auf unsere Gesundheit auswirkt. Im Extremfall kann das zu Burn-Out, Depressionen, Angstzuständen oder Panikattacken führen. Als Mittel dagegen empfehlen Mediziner, Psychologen und Therapeuten heute zunehmend die Achtsamkeitspraxis.

Achtsamkeit lernen

Einige Achtsamkeitsübungen kannst du ganz einfach zu Hause ausprobieren und in den Alltag integrieren. So schaffst du es ohne viel Aufwand, täglich zur Ruhe zu kommen, das Hier und Jetzt wahrzunehmen und bewusster zu leben.

Weg 1: Innehalten

An einem vollgepackten Tag bietet sich einfaches Innehalten an, um zwischendurch Kraft zu tanken und zur Ruhe zu kommen. Nimm dir dazu mehrmals täglich mindestens eine Minute Zeit. Dazu setzt oder stellst du dich bequem hin und beobachtest, wie dein Atem fließt. Richte deine Aufmerksamkeit auf deinen Körper. Beobachte dann deine Gefühle. Frage dich, wie es dir geht, und schaue, was passiert. Versuche, nicht zu werten, sondern nur zu beobachten. Das mag am Anfang schwierig sein, wird mit der Zeit aber immer einfacher.

Weg 2: Bewusst gehen

Die Zeiten, während du gehst, kannst du nutzen, um dich zu fokussieren und deine Gedanken zu beruhigen. Konzentriere dich auf dem Weg zum Einkaufen, zur U-Bahn oder beim Treppensteigen auf das Gehen. Nimm wahr, wann deine Füße den Boden berühren, welche Muskeln sich an- und entspannen. Beobachte dein Tempo: Wirst du langsamer oder schneller? Auf diese Weise bringst du dich bewusst ins Hier und Jetzt—das wirkt entspannend.

Weg 3: Bewusst atmen

Für die Atemübung solltest du etwas mehr Zeit einplanen, sie dauert fünf bis zehn Minuten. Fange mit fünf Minuten an, und steigere die Dauer später. Setze dich dazu mit geschlossenen Augen aufrecht und entspannt hin, und konzentriere dich auf deinen Atem.

Beobachte, wie du ein- und ausatmest, ohne deinen Atem zu verändern oder zu kontrollieren. Lass ihn zunächst nur ein- und ausfließen. Achte auf deinen Brustkorb und darauf, wie er sich hebt und senkt, sich ausdehnt und zusammenzieht.
Wenn du bemerkst, dass deine Gedanken abschweifen, lass sie ziehen, und kehre zurück zur Beobachtung deines Atems.

Weg 4: Achtsam essen

Die Mahlzeiten eignen sich ebenfalls dazu, Achtsamkeit zu trainieren. Spüre vor dem Essen in dich hinein: Hast du überhaupt Hunger? In welcher Stimmung setzt du dich an den Tisch? Betrachte dein Essen, wie es aussieht und sich zusammensetzt. Rieche an deinem Essen, beobachte aufmerksam, wie du es zum Mund führst, wie es sich anfühlt, wie es schmeckt. Kaue bewusst und langsam. Sei mindestens bei den ersten fünf Bissen deiner Mahlzeit achtsam. Diese Übung hilft, nicht nur bewusster zu essen. Sie schafft auch ein Bewusstsein für die Lebensmittel, die du zu dir nimmst, und die Menge, die du isst.

Weg 5: Dankbar sein

Diese Achtsamkeitsübung eignet sich besonders für abends kurz vor dem Schlafengehen. Gehe deinen Tag durch: Überlege, für welche Erlebnisse, Menschen und Dinge du heute Dankbarkeit verspürst. Konzentriere deine Wahrnehmung dann für jeweils einige Sekunden darauf. Das entspannt und erhöht deine Achtsamkeit für die schönen Dinge, die dir im Alltag begegnen. Studien zeigen außerdem, dass diese Praxis nicht nur die Stimmung und die Sicht auf die Welt verbessert, sondern auch ganz konkret für besseren Schlaf sorgt.

Ein Dankbarkeitstagebuch führen

Es gibt inzwischen einige Studien zu Dankbarkeitstagebüchern. So hat Professor Robert Emmons von der Universität Kalifornien festgestellt, dass die Studienteilnehmer, die ein Dankbarkeitstagebuch führten, optimistischer im Leben standen, bessere Stimmung hatten, seltener krank waren und einen erholsameren Schlaf hatten.[2] Du kannst dir ganz einfach ein Notizbuch besorgen und jeden Abend darin Dinge notieren, für die du dankbar bist.

Dankbar sein

Wofür bist du diese Woche dankbar?

Schreibe diese Woche jeden Abend auf, wofür du an dem jeweiligen Tag dankbar bist. Notiere mindestens drei Punkte. Du wirst sehen: Selbst am Ende eines richtig miesen Tages findest du drei Dinge, für die du an diesem Tag dankbar sein kannst. Auch dir selbst kannst du dankbar sein.

Mo..

Di..

Mi..

Do..

Fr..

Sa..

So..

Achtsamkeitsübungen

Wie ist es dir mit den Achtsamkeitsübungen ergangen? Welche ist dir am leichtesten gefallen?

✳ ....

✳ ....

✳ ....

MEINE NOTIZEN

___ So geht's weiter: Ernährung ist ein großes Thema der Nachhaltigkeit. Deshalb dreht sich im nächsten Themenblock alles rund um Lebensmittel. Wie du ohne Verzicht ein bisschen veganer wirst, Lebensmittel haltbar machen und nebenbei dein eigenes Obst und Gemüse auf dem Fensterbrett anbauen kannst, erfährst du auf den nächsten Seiten.

Weniger tierische Produkte ohne Verzicht?

*Konsequent vegan zu leben wäre das Beste für die Tiere,
ist aber für viele Menschen unvorstellbar. Dabei gibt es Wege,
weniger tierische Produkte zu konsumieren — vor allem dort,
wo die Alternativen so gut sind, dass sie keinen Verzicht bedeuten.*

Ein bisschen veganer leben

Dass unsere Art der Nutztierhaltung den Tieren Leiden bringt und häufig auch umweltschädlich ist, ist inzwischen den allermeisten klar. Ganz auf tierische Produkte zu verzichten, kommt für viele aber dennoch nicht infrage. Die folgenden Tipps zeigen, dass »weniger tierische Produkte« kein Verzicht bedeuten muss. Sie sollen lediglich eine Einladung sein, ein wenig Abstand zu deinen Gewohnheiten zu gewinnen. Du wirst sehen und schmecken, dass vegane Alternativen nicht einschränken müssen, sondern sogar bereichern können. Keine Sorge: Es geht hier nicht darum, komplett auf eine vegane Lebensweise umzusteigen, sondern darum, Gewohnheiten zu hinterfragen und Neues auszuprobieren. Es geht nicht um Verbote und auch nicht um zu hohe Ansprüche (»nie wieder Tierisches«), an denen man leicht scheitern kann.

Vegane Rezepte

Wenn du dich im Web für die »Vegan Taste Week« bei der Albert Schweitzer Stiftung für unsere Mitwelt anmeldest, erhältst du eine Woche lang täglich eine E-Mail mit veganen Rezepten und praktischen Tipps zu veganer Ernährung. In der Rezeptdatenbank auf der zugehörigen Website kannst du nach verschiedenen Kriterien suchen, zum Beispiel »glutenfrei«, »gesund«, »Rezepte für Eilige«.

Link-Tipp

Die Rezeptdatenbank findest du unter www.vegan-taste-week.de.

Müsli ohne Kuhmilch

Dass es vegane Alternativen zu Kuhmilch gibt, weißt du sicher. Aber weißt du auch, wo Soja-, Dinkel- oder Hafermilch am besten schmeckt? Nicht pur, nicht im Kaffee, sondern im Müsli.

Spaghetti mit Tofu-Bolognese oder Sojagulasch

Spaghetti bolognese geht auch ohne Hackfleisch: Wenn du Naturtofu oder Sojageschnetzeltes zum Kochen nimmst und vor dem Anbraten in Brühe einweichst, merkt man keinen Unterschied zu Fleisch. Für Gulasch mit Einlage eignen sich Sojamedaillons gut als Alternative zu Fleisch. Auch die Medaillons müssen vorher eingeweicht werden. Im Gegensatz zu Fleisch haben sie den Vorteil, nicht zäh oder trocken zu werden.

NATÜRLICH LECKER!

Veganes auf den Grill

Im Bio-Handel hast du heute eine breite Auswahl an veganem Grillgut aus Sojaprodukten oder Seitan, etwa Tofu-Würste oder Bratfilets. Aber auch ohne Fleischersatz musst du beim Grillfest nicht hungern: Gemüse wie Zucchini, Auberginen und Pilze kannst du in würziger Marinade ziehen lassen und auf den Grill legen. Ohne Marinade schmecken auch Paprika, Kohlrabi oder Knollensellerie und natürlich Kartoffeln und Maiskolben.

Bei pflanzlichem Grillgut solltest du aber beachten, dass es durch den geringen Eigenfettanteil empfindlicher auf Hitze reagiert. Am besten garst du es deshalb am Rand des Rostes und bestreichst es mit Öl oder Marinade, damit es nicht austrocknet. Rein pflanzliche Grillsaucen und Senf findest du problemlos im Supermarktregal. Vegane Kräuterbutter kannst du selbst aus Pflanzenmargarine herstellen: einfach anwärmen und mit Gewürzen und Kräutern nach Wahl abschmecken.

Gebrauchtes Leder

Lederjacken, -taschen oder -sofas sind hervorragend geeignet, um sie gebraucht zu kaufen — nicht nur weil das günstiger ist: Das Material ist äußerst langlebig und robust. Zudem verleihen kleine Nutzungsspuren Lederprodukten ihren Charme. Weniger Neuproduktion schützt Tiere und schont Ressourcen. Einfach mal umschauen, zum Beispiel auf Flohmärkten, in Secondhandläden oder auf Gebrauchtkaufportalen.

Kosmetik ohne Tierversuche

Tierversuche für Kosmetik sind in der EU inzwischen verboten. Doch Schlupflöcher ermöglichen, dass bestimmte Inhaltsstoffe weiterhin an Tieren getestet werden. Erfreulicherweise ist es gar nicht so schwer, tierfreundlicher zu handeln: Kosmetik ohne Tierversuche erkennst du an Siegeln wie »Leaping Bunny« oder »Hase mit schützender Hand«.

Mehr Vegan
ins Leben bringen

Vegan leben heißt nicht unbedingt verzichten
Welche der Empfehlungen von den vorhergehenden Seiten willst du in dieser Woche ausprobieren?

✳ ....

✳ ....

✳ ....

✳ ....

✳ ....

✳ ....

✳ ....

Wie erging es dir dabei?

✳ ....

✳ ....

MEINE NOTIZEN

Regionales statt weit gereistes Superfood

Superfood wie Quinoa, Goji und Chia kommen von weit her und sind meist sehr teuer. Besser ist es, auf heimische Superfood-Alternativen zurückzugreifen: Leinsamen, Heidelbeeren oder Brokkoli zum Beispiel.

Leinsamen statt Chia-Samen

Für Veganer, die nach einem Ei-Ersatz suchen, sind Chia-Samen tatsächlich sinnvoll: Die Samen ergeben, mit Wasser vermischt, eine geleeartige Masse, die vor allem gut zum Backen ist. Nichtveganer können auf die südamerikanischen Samen allerdings gut verzichten: Leinsamen enthalten ebenfalls viel Calcium und Eiweiß, man kann sie gut ins Müsli oder ins Brot geben. Leinsamenöl ist zudem besonders reich an Omega-3-Fettsäuren. Achte beim Kauf auf das EU-Bio-Siegel und die Herkunftsangabe.

Regionale Teesorten statt Matcha

Der japanische Matcha soll den Blutdruck senken, die Cholesterinwerte und den Stoffwechsel verbessern, Stress reduzieren und die Leistungsfähigkeit steigern. Das können regionale Teesorten allerdings auch: Kamillentee wirkt beispielsweise beruhigend, Löwenzahn- und Hagebuttentee unterstützen die Verdauung, und Hagedorn hilft gegen hohen Blutdruck. Das Pulver ist außerdem nichts anderes als fein vermahlener Grüntee. Der Unterschied zum Grüntee ist also lediglich, dass Matcha aus dem ganzen Blatt gewonnen und nicht nur übergossen wird.

Schwarze Johannisbeeren statt Goji-Beeren

Goji-Beeren sind teuer, außerdem kommen bei uns häufig nur noch Extrakte an. Zusätzlich wurden in Goji-Beeren aus China Pestizidrückstände gefunden. Seitdem sind die Beeren schwer unter Beobachtung. Ein vollständiger Ersatz ist die Schwarze Johannisbeere, die weitgehend identisch mit der Goji-Beere ist. Einen beträchtlichen Unterschied gibt es jedoch: Die Schwarze Johannisbeere hat nur etwa $1/7$ des Kaloriengehalts.

Heidelbeeren oder Sauerkirschen statt Acai-Beeren

Die Acai-Beere aus dem Regenwald bekommt man hier meistens gefriergetrocknet als Saft oder Pulver. Sie soll sexuell stimulierend wirken—das ist jedoch wissenschaftlich nicht belegt. In Acai-Beeren ist das sogenannte Anthocyan, ein Pflanzenfarbstoff, der ihnen ihre dunkle Farbe verleiht, der schlank machen und gegen Krebs wirken soll. Er ist aber auch Bestandteil vieler Beeren, die bei uns wachsen. Heidelbeeren, Sauerkirschen und Schwarze Johannisbeeren sind daher gute Alternativen, denn sie sind ebenfalls reich an Proteinen, Calcium und Vitaminen.

Heimisches Getreide statt Quinoa-Samen

Quinoa kommt aus den Anden in Südamerika und wird als Inka-Kost beworben. Die Samen sind vor allem bei Menschen mit Glutenunverträglichkeit beliebt. Hirse wird oft als Alternative zu Quinoa empfohlen, da es ebenfalls glutenfrei ist. Allerdings wird Hirse oft importiert — der CO_2-Fußabdruck bleibt also gleich. Doch es gibt immer mehr Betriebe, die Hirse auch in Deutschland anbauen, etwa die Spreewälder Hirsemühle. Regionale Alternativen sind zudem Getreidesorten wie Weizen, Dinkel, Grünkern — allerdings enthalten diese Gluten.

Ökokiste: Obst und Gemüse von Landwirten vor Ort

Wieso kaufen wir unsere Lebensmittel eigentlich bei Aldi, Lidl und Co.? Weil sie dort so billig sind. Unser Geld zahlen wir damit aber an Unternehmen, die massiven Preisdruck auf Hersteller ausüben und ihre Produkte in der ganzen Welt zusammenkaufen. Dabei können wir ganz einfach den Spieß umdrehen: Wer regional kauft, vermeidet irrsinnige Transportwege und unterstützt Hersteller aus der eigenen Region.

Im Verband Ökokiste e. V. haben sich deutschlandweit 40 Mitgliedsbetriebe zusammengeschlossen, die dir wöchentlich gutes Bio-Obst und -gemüse direkt vor die Haustüre liefern. Der Verband sorgt mit langfristigen Kooperationsverträgen zwischen Landwirten, Gärtnern und Lieferbetrieben für verlässliche und partnerschaftliche Handelsstrukturen in der Region. Probiere es aus: Unter www.oekokiste.de kannst du eine Probekiste bestellen und dich von der Qualität und der Auswahl selbst überzeugen.

Tipp: Der Utopia-Saisonkalender

Wann genau gibt es eigentlich Tomaten aus Deutschland? Und welchen Salat kann man im Winter essen? Im Utopia-Saisonkalender findest du eine Übersicht, wann welches Obst und Gemüse in Deutschland wächst. Auch ist übersichtlich verzeichnet, wann Gemüse und Obst aus der Lagerung kommen. Den Kalender gibt es Monat für Monat als kostenlose PDF-Datei auf www.utopia.de zum Download. Alternativ kannst du ihn auch gedruckt auf festem DIN-A3-Naturpapier bestellen.

Saisonal kochen

Cook mal!

Stelle dir für diese Woche einen Kochplan mit saisonalen Lebensmitteln zusammen,
und gehe nach diesem Plan einkaufen. Achte darauf, dass du regionale Produkte kaufst.
Welche Gerichte könntest du kochen?

✳ ....

✳ ....

✳ ....

✳ ....

✳ ....

✳ ....

✳ ....

Erkunde deine Umgebung: Wo hast du sinnvolle Angebote für regionale und saisonale Lebensmittel gefunden, die du gern öfter nutzen würdest?

✳ ....

✳ ....

✳ ....

MEINE NOTIZEN

Kaffee oder Tee?
Fair und bio!

Die Marktanteile von Kaffee und Tee aus fairem Handel in Bio-Qualität sind immer noch erschreckend niedrig. Dabei gibt es gute Gründe, ökologisch hergestellten und fair gehandelten Kaffee und Tee zu kaufen.

Fair Trade ist gerechter

Im Mittelpunkt der Bemühungen stehen gerechtere Handelsbeziehungen und bessere Arbeitsbedingungen für die Arbeiter auf Kaffee- und Teeplantagen. Stark vereinfacht, geht es darum, dass alle Handelspartner von ihrer Arbeit leben können sollen—genau das meint »fair«. Viele der Tee- bzw. Kaffeeproduzierenden haben keinen geregelten Zugang zu Exportmärkten. Schwankende Weltmarktpreise sorgen dafür, dass sie ihre Produktionskosten regelmäßig nicht decken können. Auch der Klimawandel wird zunehmend zum Problem. Ernterückgänge oder gar -ausfälle bedrohen daher ihre Existenz.

Fair Trade ist nachhaltiger

Nachhaltigkeit meint nicht ausschließlich »Umweltschutz«. Auch die Player im Fair Trade-Markt orientieren sich inzwischen an den klassischen drei Säulen der Nachhaltigkeit: Soziales, Ökologisches und Ökonomisches. Alle drei sollen möglichst gleichberechtigt unter einen Hut gebracht werden. So sehen Fair Trade-Kriterien auch vor, verantwortungsvoll mit der Ressource Wasser umzugehen und wenig Müll zu produzieren. Zudem animieren sie dazu, erneuerbare Energien einzusetzen, verbieten bestimmte Pestizide und sorgen dafür, dass Mitarbeiter zum Thema Umweltschutz geschult werden.

Fair Trade bewegt etwas

Schätzungen zufolge arbeiten etwa 25 Millionen Menschen auf der Welt direkt im Bereich Anbau, Verarbeitung und Vertrieb von Kaffee. Indirekt wird die Zahl noch größer: Der Deutsche Kaffeeverband schätzt, dass Kaffee für weltweit 125 Millionen Menschen die Lebensgrundlage darstellt. Es ist zugleich eines der wertvollsten Exportprodukte der Entwicklungsländer. Nach den USA ist Deutschland der zweitgrößte Importeur von Kaffee. Auf welche Weise wir welchen Kaffee beziehen, hat also großen Einfluss auf viele Menschen und Länder. Darum ist es wichtig, Fair Trade-Kaffee zu kaufen: weil wir damit einen enorm großen Markt fairer gestalten. Denn es gibt ihn so oder so—mit konventionellem Kaffee aber eben nicht fair.

(Link-Tipp)
Listen mit fairem Bio-Tee und -Kaffee findest du auf www.utopia.de/bestenlisten.

DEIN GENUSS-MOMENT

Fair Trade ist besser für Mensch und Umwelt

Zwar ist ökologische Landwirtschaft nicht zwingend im fairen Handel vorgeschrieben, doch verschiedene Pestizide sind im Anbau untersagt. Schon damit ist fair gehandelter Kaffee und Tee besser für die Gesundheit. Hinzu kommt, dass Organisationen wie Fairtrade mit einem Bio-Aufschlag die ökologische Landwirtschaft in den Anbauländern fördern. Daher sind heute 73 Prozent aller Fairtrade-gekennzeichneten Produkte auch biozertifiziert, bei Fairtrade-Kaffee sind es sogar 77 Prozent.

Fair Trade ist erschwinglich

Wir leben in einer der reichsten Nationen der Welt. Wenn nicht wir in der Lage sind, unseren Mitmenschen einen gerechten Preis zu zahlen für den Kaffee und Tee, den wir ihnen abkaufen und mit Genuss trinken — wer sollte es denn sonst sein? Dazu muss nicht immer viel Geld auf den Tisch — es gibt auch preiswerte Fair Trade-Produkte. So kann jeder Verbraucher nach seinen Möglichkeiten einkaufen.

Fazit:

Idealerweise kaufst du also sowohl biozertifizierten als auch fair gehandelten Tee und Kaffee. Denn in der Bio-Landwirtschaft sind die meisten Pestizide nicht erlaubt und Gentechnik verboten.

Tipp: Aufs Siegel achten

Siegel und Zeichen weisen bei Kaffee und Tee darauf hin, ob er biologisch angebaut und fair gehandelt wurde. Die Labels Fairtrade, Gepa fair+ und Naturland fair sind verlässlich und hinreichend gut verbreitet.

Gerecht, gesund, nachhaltig: Fair Trade

Fair einkaufen

Welche Produkte, die du regelmäßig kaufst, sind auch als Fair Trade-Produkte erhältlich?

✳ ....

✳ ....

✳ ....

✳ ....

✳ ....

Erkunde deine Umgebung: Welche Läden und Supermärkte führen gut erkennbare Angebote für Fair Trade-Produkte, die du gern öfter nutzen würdest?

* ....

* ....

* ....

MEINE NOTIZEN

Wie du Lebensmittel konservierst

Einen Kühlschrank hat jeder, Konservendosen halten ewig,
und überhaupt kann man jeden Tag frisch einkaufen. Kein Wunder also,
dass kaum noch jemand weiß, wie man Lebensmittel selbst haltbar macht.
Dabei macht das durchaus Sinn: So weiß man genau,
was drinsteckt — und was nicht.

Die Vorteile

Jeder bestimmt selbst, was er verarbeitet —
regionale und saisonale Bio-Ware zum Beispiel.
Man kann auf diese Weise seine Vorräte plastik-
frei lagern und spart womöglich noch Energie,
wenn sie nicht in den Kühlschrank müssen.
Außerdem entfällt der kurz-vor-Ladenschluss-
Trip zum Supermarkt, wenn man leckere Vorräte zu Hause hat.

Einkochen

Diese Konservierungsmethode eignet sich zum
Haltbarmachen von frischem Obst und Gemüse
sowie für fertig gekochte Gerichte. Zum Ein-
kochen füllst du die Lebensmittel in saubere
Gläser, verschließt und erhitzt sie. Durch das
Erhitzen entsteht im Glas ein Überdruck, beim
Abkühlen bildet sich ein Vakuum. So bleibt das
Glas luftdicht verschlossen und der Inhalt vor
Keimen geschützt. Dabei gibt es zwei Varianten:

→ Sterilisieren: Du erhitzt die Gläser für
15 bis 20 Minuten auf 110 bis 135 Grad Celsius.
Das tötet alle Mikroorganismen ab, die die
Lebensmittel verderben könnten. Allerdings
verliert dabei das Obst bzw. Gemüse einen
Teil seiner Nährstoffe und Vitamine. Dafür sind
die Lebensmittel bei richtiger Lagerung jahre-
lang haltbar.

→ Pasteurisieren: Wenn du die Lebensmittel
kurz bei 60 bis 90 Grad erhitzt, werden Bakterien abgetötet, Vitamine und Nährstoffe bleiben
erhalten. Allerdings ist auf diese Weise Einge-
kochtes nicht ganz so lange haltbar.

Die Lebensmittel bereitest du zum Konservieren vor, indem du sie entkernst bzw. entsteinst,
schälst und/oder klein schneidest. Dann
füllst du sie — entweder roh oder vorgekocht —
in die sauberen Gläser. Lass dabei oben mindestens einen Zentimeter zum Rand Platz.
Danach kommen die gut verschlossenen Gläser
in einen großen Kochtopf, wobei sie einander
nicht berühren sollten. Anschließend füllst du
Wasser in den Topf, bis die Gläser zu etwa drei
Viertel bedeckt sind. 30 bis 60 Sekunden erhitzen, abkühlen lassen, fertig.

Einlegen

Beim Einlegen werden Lebensmittel in Flüssigkeit wie Essig, Öl oder Alkohol konserviert.
Das klappt mit den meisten Früchten, Kräutern
und Gemüsearten. In Essig einlegen kannst
du neben Gurken auch anderes festes Gemüse
wie Bohnen, Karotten, Blumenkohl, Paprika
und Zwiebeln. Das Gemüse sollte keine Druck-
stellen oder Verfärbungen haben. Du bereitest

es vor, indem du es putzt und in Stücke schneidest. Für ein Kilogramm Gemüse brauchst du
einen halben Liter Essig und einen halben Liter
Wasser mit Gewürzen (Senfsamen, Koriander-
samen, Lorbeerblätter, Wacholderbeeren,
Pfeffer). Daraus kochst du einen Sud und garst
darin das Gemüse. Dieses füllst du heiß in saubere Schraubgläser. Sud noch einmal aufkochen
und über das Gemüse gießen. Das Gemüse
sollte ein bis zwei Zentimeter mit Flüssigkeit
bedeckt sein. Gläser gut verschließen und dann
vor dem Verzehr vier bis sechs Wochen durch-
ziehen lassen. Das Essiggemüse hält sich einige
Monate lang, wenn du es kühl und dunkel
lagerst. Öl als Konservierungsmittel ist nicht
ganz so effektiv wie Essig, schützt aber vor
Mikroorganismen. Deshalb klappt das Einlegen
am besten, wenn man die Lebensmittel vorher
kocht oder brät. Das Einlegen in Öl eignet sich
gut für Gemüse wie Paprika, Auberginen, Pilze
oder Artischocken, aber auch für Schafskäse
oder Frischkäse. Für den Geschmack kannst du
Kräuter oder Pfeffer hinzufügen. Damit sich
keine Luftblasen bilden, füllst du die Lebensmittel und das Öl abwechselnd in das Glas.
Das Ganze sollte ein bis zwei Zentimeter mit Öl
bedeckt sein. Glas gut verschließen und kühl
und dunkel lagern. Der Inhalt hält etwa drei bis
vier Monate.

Trocknen

Eine der ältesten Konservierungsmethoden
ist das Trocknen. Das funktioniert gut mit Obst,
Gemüse, Kräutern, Fisch und Fleisch. Beim
Trocknen wird den Lebensmitteln ein Großteil
ihrer Feuchtigkeit entzogen. Dadurch haben
Mikroorganismen und Enzyme keinen Nähr-
boden mehr. In unseren Breitengraden ist das
Lufttrocknen aber wetterbedingt eher schwierig — und stundenlang den Backofen zu heizen
oder gar spezielle elektrische Dörr- und Tro-
ckengeräte zu verwenden ist wenig sinnvoll.
Daher: Das Trocknen solltest du nur versuchen,
wenn du einen warmen, luftigen, trockenen
und idealerweise sogar sonnigen Ort hast,
an dem die Lebensmittel über einige Zeit lagern
können, bis sie getrocknet sind.

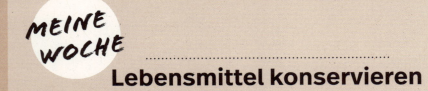

Lebensmittel konservieren

Essen aus der Dose – selbstgemacht

Welche Lebensmittel kaufst du in der Regel in Dosen oder Gläsern?
Könntest du diese auch selbst konservieren? Welche Konservierungsarten eignen sich dafür?

✳ ....

✳ ....

✳ ....

Welche Fertigprodukte aus dem Supermarkt könntest du auch selber machen?

✳ ....

✳ ....

✳ ....

✳ ....

Achtsamkeitsübungen

Wie ging es dir bisher mit den Achtsamkeitsübungen von den Seiten 40/41?

✳ ....

✳ ....

MEINE
NOTIZEN

MONATS-
IMPULS

Deine Handlungs-möglichkeiten erweitern

Die meisten Menschen bleiben zeitlebens innerhalb der eigenen Komfortzone. In dieser Zone liegt das, womit wir uns wohlfühlen. Außerhalb liegt all das, was uns unangenehm ist, was uns Angst macht, was wir vermeiden wollen.

Die Komfortzone hat ihre Vorteile

Für jeden Menschen ist die Komfortzone anders. Aber ob wir uns dessen bewusst sind oder nicht: Unsere Komfortzone beeinflusst, was wir tun und was wir nicht tun. Sobald wir die angenehme Zone verlassen, steigt unser Stresspegel, wir bekommen Angst. Meist kommt die Angst sogar schon, wenn wir uns der Grenze der Zone nur annähern. Um keine Angst spüren zu müssen, machen wir häufig schon deutlich vor unseren Grenzen halt. Solange wir im Bereich des Gewohnten bleiben, gibt es wenig Überraschungen. Das hat durchaus Vorteile: Wer will schon unangenehme Überraschungen erleben? Andererseits gibt es so auch weniger positive Überraschungen. Und letztlich entwickeln wir uns auf diese Weise auch nicht weiter.

So erweiterst du deine Komfortzone

Wenn du deine Komfortzone erweitern willst, musst du sie und ihre Vorteile nicht aufgeben. Schon mit kleinen, regelmäßigen Schritten kannst du die Grenzen dessen, was dir angenehm ist, immer weiter verschieben. Wie kann das gehen? Indem du einige Zeit lang Dinge tust, die deine Komfortzone ein wenig erweitern.

Deine Wachstumswochen

Nimm dir vor, die nächsten vier Wochen über Sachen zu tun, die du ungern machst oder die du normalerweise vermeidest. Nach drei Wochen kannst du dich auch an Tätigkeiten wagen, vor denen du dich eigentlich fürchtest. Einige Beispiele:

→ einen unangenehmen Anruf tätigen
→ jemanden um Hilfe bitten
→ einmal Nein sagen, wenn dich jemand um einen Gefallen bittet, den du eigentlich nicht erfüllen möchtest
→ etwas ansprechen, was dir schwer fällt — etwa im Einzelhandel fragen, ob ein Produkt regionaler Herkunft ist oder warum keine faire Alternative angeboten wird

Am besten machst du dir eine Liste mit fünf bis zehn Aktivitäten, die dir wichtig sind oder die du gern tun würdest, die aber auch unangenehm sind oder an die du dich nicht herantraust. Dann entscheidest du dich, welche der Aktivitäten du in den nächsten Wochen anpacken willst. Und dann tust du es einfach. Wenn der Schritt doch zu groß war, dann gib nicht auf!

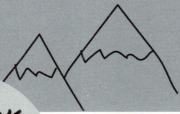

DAS GLÜCK LIEGT AUSSERHALB DER KOMFORTZONE

Von der Wachstums- bis zur Panikzone

Mit den Schritten, die sich zum Erweitern der Komfortzone gut eignen, kommst du in die Wachstumszone. In dieser Zone lernst du dazu, hier wächst du über dich hinaus. Wenn du den Schritt zu groß wählst, landest du in oder kurz vor der Panikzone. Dann ist die natürliche Reaktion die Flucht zurück in die Komfortzone. Das Resultat ist nicht Wachstum, sondern Stress, Ärger und Unzufriedenheit. Deshalb: Wähle die Schritte so, dass du in der Wachstumszone landest. Du wirst feststellen, dass du die Komfortzone auf diese Weise immer mehr erweiterst, ebenso dehnst du die Wachstumszone aus. Und schließlich werden die Aufgaben, die am Anfang noch in der Panikzone lagen, an Bedrohlichkeit verlieren — und nur noch einen kleinen Schritt erfordern.

Tipp: Ein Teamevent daraus machen

Hol dir Unterstützung von außen. Wie wäre es, wenn du zwei, drei Freunde animierst, mit dir diesen Monat die Komfortzone zu erweitern. Dann könnt ihr euch alle paar Tage erzählen, was ihr euch getraut habt.

Die passende »Schrittgröße«

Es geht allerdings nicht um eine Mutprobe, sondern darum, Dinge zu tun, die du eigentlich gerne tun würdest, die du aber lieber vermeidest, weil sie unangenehm sind. Aufgaben, die sich gut für den Anfang eignen, liegen auf der Vermeidungsskala zwischen 2 und 5. Die Skala reicht von 0 (= »Kein Problem, mach ich sofort«) bis 10 (= »Ich krieg einen Herzinfarkt«). 2 bedeutet »Kann das nicht jemand anderes machen?«, 5 steht für »Nein, lieber nicht«.

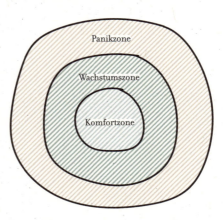

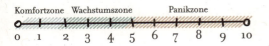

Wachstums-
vs. Panikzone

Was befindet sich in deiner Wachstumszone, was in deiner Panikzone?
Ordne verschiedene für dich unangenehme Tätigkeiten ein, und mach dir so bewusst,
wie du Schritt für Schritt aus deiner Komfortzone ausbrechen kannst.

Wachstumszone	Panikzone
✳	✳
✳	✳
✳	✳
✳	

Komfortzone erweitern: Woche 1

Widme dich die nächsten vier Wochen deiner Komfortzone. Du wirst sehen:
Schon bald wirst du dich mehr trauen!
Welche unangenehmen Tätigkeiten, vor denen du dich gerne drückst, könntest du
diese Woche angehen?

✳ ....

✳ ....

✳ ....

MEINE NOTIZEN

Was du tun kannst,
um den Bienen zu helfen

Zu den Ursachen des Bienensterbens zählen Parasiten, Pestizide und Monokulturen. Fast ein Drittel aller Lebensmittel entsteht aber nur dank der Bestäubung durch Bienen und andere Insekten. Mit diesen einfachen Maßnahmen kannst du Bienen und anderen Insekten helfen.

Wildblumen säen

Bienen, Hummeln und anderen Insekten fehlt es in unseren Kulturlandschaften und Städten oft an Nahrung, also an Nektar und Pollen. Indem du auf Terrasse, Balkon oder Garten eine Bienenweide anlegst, kannst du den Bestäubern helfen. Achte darauf, dass es sich um heimische Pflanzen handelt, da nur diese die Bienen mit der richtigen Nahrung versorgen. Je vielfältiger die Pflanzenauswahl, desto besser. Inzwischen gibt es fertige Wildblumenmischungen für Bienen, die du in Bio-Qualität bekommst. Sie sind so abgestimmt, dass die Insekten von Frühling bis Herbst Nahrung finden. Außerdem solltest du die Bienenweiden beim Rasenmähen aussparen oder zumindest einige Blumeninseln stehen lassen.

Tipp: Pflanzen für die Bienenweide

Kapuzinerkresse sollte in keiner Bienenweide fehlen: Die gelben, orangen oder roten Blüten blühen ab Juni und schmecken lecker in einem Salat. Gut eignen sich außerdem Sonnenblumen, Klee, Kornblumen, Malve, Phazelien (auch als »Bienenfreund« bekannt), Ringelblumen und Katzenminze. Von Januar bis April bietet die Winter- oder Schneeheide den Insekten Nahrung.

Kräuterkasten für den Balkon

Wer keinen eigenen Garten hat, kann zum Blumenkasten greifen. Wenn du dort Kräuter anpflanzt, hilfst du damit auch den Bienen. Denn die Blüten von Thymian, Minze, Basilikum, Oregano und vielen anderen Kräutern sind eine prima Nahrungsquelle für die Bienen.

Bienen- oder Insektenhotel aufstellen

Das Bienenhotel hilft frei lebenden Wildbienen beim Nisten. Du kannst ein fertiges Bienenhotel kaufen und im Garten aufhängen oder ein Bienenhotel selber bauen. Für die einfachste Ausführung brauchst du nur Bambusrohre und eine Holzkiste. Die Bambusrohre sollten eine Länge von mindestens zehn Zentimetern haben. Du musst die Rohre nur in die Kiste stecken und diese so hinstellen, dass die Rohre waagrecht liegen. Die Bienen können dann von der offenen Seite der Kiste in die Rohre krabbeln und dort nisten.

BIENEN-RETTER

Bienentränke aufstellen

Auch die Bienen haben im Sommer Durst und freuen sich über etwas Wasser. Du kannst ihnen eine Bienentränke aufstellen. Dafür genügt es, wenn du eine Schale mit Wasser und ein paar flachen Steinen darin aufstellst. Die Steine helfen den Bienen, leichter aus dem Wasser herauszukrabbeln. Am besten platzierst du die Schale neben dem Bienenhotel oder der angelegten Bienenweide.

Keine Pflanzenschutzmittel

Auch im eigenen Garten greifen viele Hobbygärtner gerne zu Spritzmitteln, um ihre Pflanzen schneller wachsen zu lassen. Für Insekten ist das natürlich eine Katastrophe. Greife deshalb lieber zu ökologischen Alternativen.

Nur Saatgut in Bio-Qualität verwenden

Egal, ob du im Garten Tomaten oder Zucchini pflanzt — verwende nur Bio-Saatgut oder die Samen von Bio-Gemüse. Denn herkömmliches Saatgut ist meist gebeizt, also mit Pflanzenschutzmitteln behandelt. Das sorgt zwar dafür, dass die Saat schnell aufgeht und gegen Schädlinge geschützt ist. Doch genau das könnte für das Bienensterben mitverantwortlich sein. Denn die Bienen nehmen die Giftstoffe mit ihrer Nahrung auf. Bis zu drei Jahre dauert es, ehe das Pflanzenschutzmittel des Saatguts nicht mehr in der Erde nachzu-

weisen ist. Das Saatgut kann also auch die Pflanzen belasten, die in den Jahren darauf an der gleichen Stelle wachsen.

Aktiv werden gegen Pestizide

Synthetische Pestizide sind der von Menschen gemachte Feind der Bienen. Die Politiker im Bundestag und im Europäischen Parlament könnten besonders aggressive Pestizide verbieten. Dazu gibt es verschiedene Petitionen, die du unterzeichnen kannst. Zum Beispiel gegen Glyphosat und gegen Sulfoxaflor. Je mehr Menschen sich gegen giftige Pestizide aussprechen, umso größer die Wahrscheinlichkeit, dass die Politik reagiert.

Wachstum durch Herausforderung

Sei dein eigener Held!

Wie erging es dir mit der Challenge, etwas Neues und Herausforderndes auszuprobieren, um deine Komfortzone zu erweitern? Wie waren deine Erfahrungen damit? Was hat gut funktioniert, was war bisher noch schwierig?

✳ ....

✳ ....

✳ ....

✳ ....

✳ ....

✳ ....

✳ ....

Komfortzone erweitern: Woche 2

Welche unangenehmen Tätigkeiten, vor denen du dich gerne drückst, könntest du diese Woche angehen?

✳ ....

✳ ....

✳ ....

MEINE NOTIZEN

Dein Gemüsegarten auf dem Fensterbrett

Viele Gemüsesorten kannst du auf dem Balkon oder Fensterbrett selber ziehen. So kannst du sie genießen, ohne Bedenken wegen möglicher Pestizide und langer Transportwege zu haben.

Ingwer

Lässt man die Knollen von Ingwer eine Weile liegen, bilden sich kleine Triebe. Schneide die Ingwerwurzel in ungefähr fünf Zentimeter große Stücke. Dabei musst du darauf achten, dass sich an jedem Stück ein sogenannter »Vegetationsknoten« (ein kleiner Knubbel) befindet, sonst kann die Wurzel nicht austreiben. An Vegetationsknoten teilen sich später die Zellen, und die Pflanze kann an diesen Stellen weiterwachsen. Nimm die Stücke, und lege sie mit der Schnittfläche nach unten in den mit Erde gefüllten Topf. Nun musst du nur noch regelmäßig gießen. Schon nach kurzer Zeit wächst ein Spross. Nach einigen Monaten, wenn die Blätter abgestorben sind, kannst du die Ingwerknolle als Lebensmittel ernten, indem du einfach die Wurzel ausgräbst. Ein Stück davon lässt du liegen, bis neue Triebe wachsen.

Frühlingszwiebeln, Zitronengras und Lauch

Frühlingszwiebeln sind von allen Lebensmitteln am einfachsten nachzuziehen: Die unteren zwei bis drei Zentimeter mit dem Wurzelrest in ein Glas Wasser stellen und das Wasser alle paar Tage wechseln. Schon nach etwa einer Woche wächst das Grün nach, und du hast frische Frühlingszwiebeln. Nun kannst du sie in einen Topf mit Erde pflanzen, nötig ist das aber nicht. Genauso funktioniert auch das Nachziehen von Lauch und Zitronengras.

Fenchelkraut

Fenchel kannst du auf beinahe die gleiche Weise nachziehen wie Frühlingszwiebeln—allerdings nur das Kraut. Stelle einfach die Fenchelknolle in ein Glas Wasser, und wechsle das Wasser regelmäßig. Aus der Knolle wächst nun neues Fenchelkraut, das in Suppen und Salaten oder auch als Fencheltee gut schmeckt.

Stangensellerie

Entferne den Strunk des Stangenselleries, und lege ihn in eine flache Schale mit Wasser, sodass er gerade so mit Wasser bedeckt ist. Platziere die Schale an einem sonnigen Ort, etwa auf dem Fensterbrett. Das Wasser wechselst du alle paar Tage. Nach etwa einer Woche beginnen neue Blätter aus dem Strunk des Stangenselleries zu sprießen. Setze nun das Ganze in einen Topf mit Erde, sodass nur die Blätter herausschauen. Schon nach wenigen Wochen kannst du neuen Stangensellerie ernten.

LECKERES VON BALKONIEN

Knoblauchsprossen

Aus Knoblauchzehen, die etwas länger gelagert werden, sprießen oben oft kleine grüne Triebe, die du verzehren kannst. Wenn du die Knoblauchzehe in ein Glas oder eine Schale mit ein wenig Wasser legst, wird der Trieb schon nach einigen Tagen wachsen. Sind die Sprossen etwa zehn Zentimeter lang, kannst du sie ernten. Knoblauchsprossen sind etwas milder als Knoblauchzehen. Am besten schmeckt das obere Drittel der Sprossen auf Salat, Gemüse, Pasta oder Brot.

Kräuter

Viele Kräuter, zum Beispiel Basilikum, Koriander, Rosmarin und Minze, kannst du aus einzelnen Stängeln der Pflanze nachwachsen lassen. Einfach die Stängel mit einem scharfen Messer knapp unterhalb einer Stelle abschneiden, an der Blätter sprießen. Dann die Blätter entlang des Stängels entfernen. Den nackten Stängel in ein Glas Wasser stellen und das Wasser regelmäßig wechseln. Schon bald entwickeln sich nun neue Wurzeln. Sobald die Wurzeln etwa fünf Zentimeter lang sind, pflanzt du die Stängel in einzelne Töpfe und stellst diese in die Sonne. Dann musst du nur noch warten, bis du die schmackhaften Kräuter ernten kannst.

Kresse

Noch einfacher ist es, Kresse selbst zu ziehen. Alles, was du dafür brauchst, ist eine Tüte Bio-Kressesamen, eine flache Schale, etwas Watte und täglich Wasser. Lege die Schale dünn mit der Watte aus, befeuchte sie und streue die Kressesamen darauf. Vergiss nicht, die Schale täglich zu befeuchten. Nach ungefähr fünf bis sieben Tagen kannst du frische Kresse ernten.

Info: Und was ist mit Avocados?

Avocados lassen sich leider nicht im eigenen Heim züchten. Du kannst zwar einen Avocadobaum aus einem Kern ziehen, der ist aber nur Deko und trägt keine Früchte. Um Früchte zu ziehen, bräuchte man zwei unterschiedliche Arten von Avocadobäumen, deren Blüten sich jeweils gegengleich öffnen.

Apropos Avocado: Diese haben eine schlechte Ökobilanz, auch wegen der meist langen Transportwege. Daher lieber nur selten essen.

Gemüse selber ziehen

Grün, grün, grün sind alle meine Pflanzen

Hast du auf dem Balkon, der Terrasse, im Garten oder auf dem Fensterbrett bereits Gemüse-pflanzen? Wenn ja: Welche?

✳ ....

✳ ....

Was könntest du (noch) anpflanzen?

✳ ....

✳ ....

✳ ....

Komfortzone erweitern: Woche 3

Welche unangenehmen Tätigkeiten, vor denen du dich gerne drückst, könntest du
diese Woche angehen?

✳ ....

✳ ....

MEINE
NOTIZEN

Der eigene
kleine Obstgarten

*Um eigenes Obst zu ernten, brauchst du keinen Garten:
Viele Früchte lassen sich auch in einem Kübel ziehen. So kannst du miterleben,
wie aus einer Blüte ein Apfel, eine Zitrone oder eine Erdbeere entsteht.
Und die Bienen freuen sich über das zusätzliche Nahrungsangebot.*

Erdbeeren

Erdbeeren sind als Naschobst auf dem Balkon ideal. Du kannst sie im Kübel, im Balkonkasten oder in einem Erdbeerturm anbauen. Es gibt auch hübsch rankende Sorten für die Blumenampel. Je nach Sorte kannst du Erdbeeren ab Juni ernten—allerdings nur einmal im Jahr. Ausnahme: sogenannte Monatserdbeeren; sie blühen den ganzen Sommer hindurch und können bis zum Frost Früchte tragen. Etwa alle drei Jahre solltest du die Pflanzen auswechseln. Neue Erdbeerpflanzen kannst du aus Ablegern ziehen. Nur Monatserdbeeren müssen ausgesät werden.

Zitronen

Zitronen bringen Mittelmeerflair auf deinen Balkon: Nicht nur die Blüten und Früchte duften nach Zitrus, sondern auch die Blätter, wenn du darüberstreichst. Hierzulande sollten Zitronen grundsätzlich im Kübel angebaut werden, da sie die kalten Wintermonate drinnen zubringen müssen. Mitte bis Ende Mai kannst du die Bäumchen auf den sonnigen Balkon stellen. Zitronen blühen das ganze Jahr hindurch. Um ernten zu können, ist jedoch Geduld gefragt: Bis zu 14 Monate kann es dauern, bis die Früchte reif sind.

Heidelbeeren

Heidelbeeren sind ideal für einen Anbau in einem breiten Kasten oder Kübel: Ihre Wurzeln wachsen nämlich nicht in die Tiefe, sondern in die Breite. Da sie einen sonnigen Standort lieben, musst du sie gerade im Sommer regelmäßig gießen. Ansonsten sind Heidelbeeren recht pflegeleicht und müssen in der Regel erst nach mehreren Jahren geschnitten werden— zumindest wenn du eine kompakte Züchtung gekauft hast.

Tipp: Die richtige Erde

Heidelbeeren brauchen einen sauren Boden. Du solltest sie daher in spezielle Moorbeeterde pflanzen.

Äpfel

Auf dem Balkon kannst du auch eigene Äpfel anbauen. Säulenobst, bei denen die Bäume keine ausladende Krone ausbilden, gibt es auch in Miniausgaben mit einer Höhe von bis zu 1,50 Metern. Damit dein Baum im Herbst Früchte trägt, braucht er nicht nur viel Sonne und Dünger: Er muss auch in der Nähe eines weiteren Apfelbaumes wachsen, mit dessen Pollen die Bienen die Blüten bestäuben können. Darüber hinaus solltest du den Baum regelmäßig schneiden.

Brombeeren

Brombeeren sind recht pflegeleicht und anspruchslos, sie brauchen einen sonnigen bis halbschattigen Standort. Die schwarzen Früchte sind Ende Juli reif. Nach der Ernte solltest du die zweijährigen Ruten schneiden. Wie bei Himbeeren gibt es auch bei Brombeeren spezielle Züchtungen für Balkon und Terrasse, deren Ranken nicht so lang und stachelfrei sind: Einige von ihnen wachsen buschig und werden etwa einen Meter hoch, andere wachsen schlank als Säule und werden bis zu drei Meter hoch.

Physalis (Andenbeere oder Ananaskirsche)

Die orangefarbene Physalis lässt sich hervorragend in einem Kübel auf dem Balkon ziehen. Da die Pflanze ursprünglich aus Südamerika kommt, solltest du ihr einen sonnigen, warmen und geschützten Platz auf dem Balkon reservieren. Die Beeren sind reif, wenn die lampionartige Hülle eingetrocknet ist. Alternativ zur Andenbeere kannst du auch Ananaskirschen anbauen. Diese Physalis-Sorte wächst kompakter, und ihre Früchte sind früher reif—allerdings auch kleiner.

Himbeeren

Auch Himbeeren lassen sich an einem sonnigen, windgeschützten Standort im Kübel anpflanzen. Die Pflanze braucht aber in der Regel viel Platz. Bei einem kleinen Balkon bieten sich daher kompakt gezüchtete Sorten an, die etwa einen Meter hoch werden. Einige von ihnen gibt es auch ohne Stacheln, sodass du dich beim Pflücken der süßen Früchte nicht kratzt.

Tipp: Himbeeren winterfest machen

Schneide im Herbst die Triebe zurück, und umwickle den Kübel mit Vlies, damit die Himbeere den Winter gut übersteht.

Mein Lieblingsobst direkt in Reichweite

Ein Miniobstgarten geht fast überall

Mach dich schlau, ob du dein Lieblingsobst in einer balkon- oder terrassentauglichen Variante bekommst. Falls du keinen Balkon und keinen Zugang zu einem Garten hast: Manche Obstsorten gibt es auch in kleinen Töpfen, die auf dem Fensterbrett Platz finden.

✳ ....

✳ ....

✳ ....

✳ ....

Komfortzone erweitern: Woche 4

Welche unangenehmen Tätigkeiten, vor denen du dich gerne drückst, könntest du diese Woche angehen?

✱ ....

✱ ....

MEINE NOTIZEN

Diese Wildkräuter kannst du essen

Für viele Gartenbesitzer gelten Wildkräuter als bloßes »Unkraut«, das lästig ist und rausmuss. Man kann die Kräuter allerdings auch als nützliche Bereicherung der Küche ansehen und ihren Vitaminreichtum und ihre Heilkraft nutzen.

Morgenstund' hat Gold im Mund

Die beste Erntezeit ist der Vormittag, weil die Kräuter morgens am saftigsten sind. Prinzipiell sollte man die Pflanzen nicht ausreißen, sondern die Blätter mit einem kleinen Messer abschneiden, damit sie nachwachsen können.

Tipp: Worauf du achten solltest

Generell gilt: Sammle nur die Kräuter, die du wirklich kennst und eindeutig zuordnen kannst, denn manche sind giftig. Orientierung bieten Bücher zum Thema Kräutersammeln oder Websites wie www.pflanzenbestimmung. info/kraeuter. Falls du die Kräuter nicht im eigenen Garten schneidest, solltest du zudem darauf achten, sie nicht in der Nähe stark befahrener Straßen zu sammeln, da sie sonst von den Abgasen verunreinigt sind.

Löwenzahn, die Vitaminspritze

Löwenzahn enthält ein Vielfaches mehr an den Vitaminen A und C als beispielsweise Kopf-salat, außerdem wird ihm blutreinigende und harntreibende Wirkung nachgesagt. Er regt die Verdauung an und hilft bei Blähungen, deswegen wird er auch oft für Entschlackungs-kuren empfohlen. In der Küche ist Löwenzahn vielseitig einsetzbar: Blätter, Blüten und sogar die Wurzel sind essbar. Die weiße Milch, die

aus den Stängeln austritt, solltest du allerdings nicht verwenden — in größeren Mengen kann sie Magen-Darm-Probleme auslösen. Ernten kannst du Löwenzahn von April bis Oktober, und in der Zeit wächst er auch immer wieder nach. Seine Blätter schmecken leicht bitter und nussig und passen gut zu Salaten, Suppen, Saucen oder aufs Butterbrot. Dünstet man sie an, entsteht ein feiner »Spinat«. Am besten erntest du junge (also helle, feine) Blätter und entfernst das dickere untere Drittel. Die Blüten kannst du als Deko auf Desserts oder Salaten verwenden. Aus ihnen lässt sich aber auch Gelee oder Sirup herstellen. Die Wurzel kann als Tee verwendet werden.

Brennnessel liefert Eisen und Calcium

Wegen ihrer hautreizenden Eigenschaften wird sie als unliebsames Wildgewächs verteufelt. Dabei ist die Brennnessel ein wahres Wunder-gewächs: Sie enthält viel Eisen, Calcium und Vitamin C. Das Kraut hat einen zartwürzigen Geschmack, und aufgebrüht als Tee, sagt man ihm sogar eine wachmachende Wirkung nach. Als Heilpflanze wird es bei Rheuma und Harn-wegsinfektionen eingesetzt. Es eignet sich aber auch als leckere Füllung für Nudeln und Ravioli. Frische Brennnessel kannst du einfrieren. Die Brennnessel findest du von April bis Okto-

ber überall. Um die fiesen Stiche zu vermeiden, trägst du beim Pflücken und Weiterverarbeiten am besten Gartenhandschuhe.

Bärlauch unterstützt das Immunsystem

Der Bärlauch macht sich von Anfang März bis Mitte Mai in Gärten und auf Wiesen breit. Darüber sollte man sich freuen, denn Bärlauch schmeckt ähnlich wie Knoblauch, scharf und herrlich frisch. Er ist eines der leckersten Unkräuter und kann wunderbar zu Pesto, Suppe, Dip oder Brotaufstrich verarbeitet werden. Die Blätter kannst du auch für später einfrieren. Bärlauch ist reich an Mineralstoffen und Vitamin C. Er enthält Magnesium und wirkt antibakteriell, stärkt also das Immunsystem. Zudem hilft er bei Magenbeschwerden und wirkt sich positiv auf den Stoffwechsel aus. Beim Sammeln von Bärlauch solltest du vorsichtig sein: Seine

Blätter ähneln denen des hochgiftigen Maiglöckchens. Am knoblauchähnlichen Geruch kann man Bärlauch erkennen. Falls du unsicher bist, hilft es, die Blätter zwischen den Fingern zu zerreiben. Riechen sie nach nichts, dann lass lieber die Finger davon (und wasche deine Hände).

Giersch, das Vitamin-C-Kraut

Giersch besitzt ein frisches, scharfes Aroma. Die jungen Blätter sammelst du am besten von März bis Mai, Stängel sowie junge Blütensprossen von Mai bis August und die Blüten von Juni bis August. Es passt als Gewürz zu Kartoffelgerichten oder Salat. Gekocht ergibt der Giersch ein schmackhaftes Püree, in kleinen Mengen ist er eine leckere Alternative zu Petersilie. Giersch enthält viel Vitamin C, hat eine entzündungshemmende Wirkung und wird oft bei Gicht eingesetzt.

Wildkräuter sammeln

Welche Wildkräuter wachsen in deiner Umgebung?

Gehe diese Woche auf die Suche nach ihnen. Wenn du welche gefunden hast: Fotografiere deine Ausbeute, und klebe das Foto hier ein. Natürlich kannst du auch einige Blättchen als Erinnerung einkleben.

Komfortzone erweitern

Wie erging es dir bei der Challenge, jede Woche etwas Unangenehmes zu machen, um deine Handlungsmöglichkeiten zu erweitern? Welche Fortschritte hast du innerhalb der letzten Wochen erkannt?

✳ ....

✳ ....

✳ ....

MEINE NOTIZEN

__So geht's weiter:__ In den letzten Wochen ging es um Ernährung und Lebensmittel. Hier liegen die Themen Verpackungen und Plastik nahe, denn kaum kommt man vom Einkaufen nach Hause, türmt sich der Verpackungsmüll in der Küche. Wie du diesen möglichst vermeiden kannst und Mikroplastik den Garaus machst, erfährst du im folgenden Themenblock.

Neue Gewohnheiten
statt Willenskraft

*Veränderung gelingt deshalb so selten dauerhaft, weil wir glauben,
es wäre eine Frage der Willenskraft. Ist es aber nicht,
denn Willenskraft ist eine begrenzte Ressource.
Was dagegen funktioniert, ist die Veränderung über
neue Gewohnheiten (»Habits«).*

Das Leben ist Veränderung

Warum funktioniert dann persönliche Veränderung so selten? Wahrscheinlich kennst du
das selbst: Wir wollen ständig etwas an uns
verändern, wollen mehr Sport treiben, gesünder essen, weniger arbeiten und vieles mehr.
Wir fangen mit viel Enthusiasmus an, melden
uns im Yogastudio an, kaufen Obst und Gemüse
—und schon nach kurzer Zeit erlahmt der
Schwung, wir fallen zurück in den alten Trott.

Der Mensch ist ein Gewohnheitstier

Neuroforscher wie Gerhard Roth sagen, dass
wir 80 Prozent unseres Tuns automatisch erle-
digen, ohne darüber nachzudenken. Unser
Gehirn strebt danach, möglichst viele Aktivitäten zur Routine werden zu lassen, denn das
Denken ist aufwendig und kostet das Gehirn
viel Energie. Ohne die Automatisierung durch
Gewohnheiten wäre unser Gehirn überfordert
und könnte wichtige mentale Aufgaben wie
Organisieren und Entwickeln nicht meistern.
Evolutions- und stoffwechselbiologisch sind
diese Autopilotprogramme also sehr hilfreich.
Deshalb werden sie als feste Routinen im
Gehirn gespeichert und entziehen sich der
willentlichen Steuerung. Zudem belohnt uns
das Gehirn mit hirneigenen Opioiden, wenn
wir unseren Gewohnheiten folgen.

»Für unser Gehirn gibt es auch kaum etwas
Schwierigeres, als Gewohnheiten abzulegen«,
so Roth.[3] Das funktioniert auf Dauer nur,
wenn wir neue Gewohnheiten entwickeln.

Neue Gewohnheiten etablieren

Damit eine neue Verhaltensweise zu einer
Gewohnheit werden und eine alte, schlechte
ablösen kann, braucht es drei bis vier Dinge:

1. Das neue Verhalten sollte so einfach wie
möglich sein. Wenn du in Zukunft mit dem Rad
statt mit dem Auto zur Arbeit fahren willst,
dann legst du am besten schon am Abend die
Fahrradklamotten heraus, sodass du sie
morgens gleich anziehen kannst. Lege auch den
Fahrradschlüssel an die Stelle, an der bisher
der Autoschlüssel war, sodass die automatische
Bewegung den Fahrradschlüssel in deine Hand
befördert. Wenn möglich, verknüpfe das neue
Verhalten mit einer bereits vorhandenen Gewohnheit, also mit etwas, das du ohnehin tust.
Ein solcher Anker kann zum Beispiel das
Aufstehen am Morgen sein (direkt die Fahrrad-
klamotten anziehen) oder das Öffnen der
Haustür (zum Fahrradschlüssel greifen).

2. Das neue Verhalten sollte eine Belohnung
nach sich ziehen. Die Belohnung kannst du dir
jedes Mal genehmigen, etwa eine Tasse Tee,

wenn du mit dem Rad im Büro ankommst. Oder sie kann verzögert erfolgen, etwa am Ende der Woche. Die Belohnung sollte allerdings nicht viel länger als eine Woche auf sich warten lassen.

3. Hilfreich kann auch Unterstützung von außen sein: Roth spricht sogar davon, dass der letzte Kick für Veränderung immer von außen kommt. Für Roth ist das Druck von einer nahestehenden Person. Es kann aber auch ein freiwilliges Commitment anderen gegenüber sein oder gegenseitige Unterstützung durch Gleichgesinnte — etwa eine Freundin, mit der du dich zum Sport verabredest.

4. Nicht zwingend nötig, aber oft förderlich ist ein Wenn-dann-Plan. Wenn du beispielsweise mit dem Rad zur Arbeit fahren willst: Was machst du, wenn es regnet oder wenn du abends ein anderes Outfit brauchst? Damit eine Verhaltensänderung zu einer Gewohnheit wird, solltest du sie über einen Zeitraum von mindestens 30 Tagen gemacht haben.

Mit Minigewohnheiten zu Maxiergebnissen

Minigewohnheiten (»Tiny Habits« oder »Micro Habits«) sind kleine Aktivitäten oder Verhaltensweisen, die so wenig Anstrengung erfordern, dass dagegen keine inneren Widerstände entstehen. Die aber, wenn du sie regelmäßig machst, auf lange Sicht große Wirkung zeigen.

Wie schon Gewohnheiten verknüpfst du auch Minigewohnheiten am besten mit einer Tätigkeit, die du regelmäßig und automatisch tust. Mini heißt: Die Aktivität dauert nicht länger als 30 Sekunden, erfordert kaum Aufwand oder Hilfsmittel und ist mindestens einmal pro Tag durchführbar (je öfter, desto wirksamer). Der Verhaltensforscher BJ Fogg von der Stanford University empfiehlt, eine neue Minigewohnheit fünf Tage lang einzuüben und mit einem kurzen Leitsatz zu unterstreichen:[4] *Nachdem ich [etabliertes Verhalten], werde ich [neues Verhalten].*

Ein Beispiel: *Nachdem ich aufgestanden bin, mache ich drei Schulterdehnungen.*

Einige Beispiele:
- ein Glas Wasser trinken
- ausatmen und für einige Sekunden entspannen
- gähnen und den Kiefer lockern
- ein Gedicht lesen
- einen Sonnengruß machen
- einen Apfel essen anstelle eines Schoko-Snacks
- einmal lächeln
- etwas für die Mittagspause im Büro vorbereiten, statt etwas Verpacktes im Supermarkt zu kaufen

MEINE WOCHE

Meine neue Gewohnheit

Los geht's!
Welche neue Verhaltensweise willst du etablieren?

✶ ....

✶ ....

Was ist deine Motivation?

✶ ....

✶ ....

Wie willst du dich belohnen?

✶ ....

✶ ....

✶ ....

Wer könnte dich dabei auf welche Weise unterstützen?

✱ ....

✱ ....

MEINE
NOTIZEN

Ein Leben
ohne Mikroplastik

*Mikroskopisch kleine Plastikteilchen gelangen über das Abwasser
in Flüsse, Seen und Meere—und auf unsere Felder.
Diese Plastikteilchen reichern sich mit Pestiziden und Umweltgiften an
und landen letztlich in unserer Nahrungskette.*

Unumkehrbare Schäden

Die Folgen für die Tierwelt und unsere Gesundheit sind noch gar nicht abzusehen. Dass Mikroplastik unumkehrbare Schäden anrichtet, ist aber unstrittig. Ob es uns außerdem gelingen wird, all den Müll und das Mikroplastik wieder aus den Meeren zu fischen, ist mehr als fraglich. Deshalb ist es entscheidend, jetzt dafür zu sorgen, dass nicht noch mehr davon in die Gewässer gelangt.

Pflegeprodukte ohne Mikroplastik kaufen

Noch immer enthalten viele Peelings kleine Plastikkügelchen, die sich schlecht aus dem Abwasser filtern lassen. Doch auch in Duschgels, Shampoos, Sonnencremes, Lippenstiften, Puder und anderen Kosmetikprodukten ist oft flüssiger Kunststoff enthalten. Hier hilft ein Blick auf die Liste der Inhaltsstoffe: Stehen hier Stoffe wie Polyethylen (PE), Polypropylen (PP), Polyamid (PA) oder Polyethylenterephtalat (PET), dann ist auf jeden Fall Mikroplastik darin enthalten.

Tipp:
Auf der Webseite von Greenpeace findest du eine Checkliste mit den häufigsten Kunststoffen in Kosmetik- und Pflegeprodukten.

Daneben gibt es beim BUND eine hilfreiche Negativliste mit Produkten, die Mikroplastik aufweisen.

Plastikverpackungen meiden

Auch wenn du deinen Plastikmüll trennst: Auf verschiedenen Wegen landet Plastik dennoch oft in den Gewässern. Dort zerfällt es mit der Zeit in immer kleinere Teilchen. Vollständig auf Plastik zu verzichten ist schwierig, aber häufig kannst du Kunststoffverpackungen mit einfachen Tricks umgehen—mehr dazu auf Seite 88/89.

Kleidung aus Naturfasern kaufen

Kleider, die Kunststoffgewebe wie Polyester, Mikrofaser, Elasthan oder Nylon enthalten, verlieren bei jeder Wäsche winzige Faserteilchen. Den Großteil kann weder die Waschmaschine noch die Kläranlage aus dem Wasser filtern. So landen diese winzigen Plastikbestandteile in den Gewässern. Nicht nur Sportkleidung oder Fleece, sondern auch viele andere Kleidungsstücke enthalten Synthetikfasern, zum Beispiel ganz normale Tops, Leggings oder Socken—ganz besonders oft aber Billigmode. Empfehlenswerter ist Kleidung aus Naturfasern: Stoffe aus (Baum-)Wolle, Viskose, Holzfasern oder Hanf können bei der

Wäsche zwar ebenfalls Fasern verlieren, aber diese sind biologisch abbaubar. Selbst einige Sportlabels stellen Kleidung aus Naturfasern her. Schau beim Kauf am besten immer ganz genau auf das Etikett.

Kleidung aus Synthetikfasern selten waschen

Viele Menschen waschen Kleidung viel öfter als nötig—das ist ein Energieproblem, aber bei Kleidung aus Kunstfasern ist es auch ein Mikroplastikproblem. Achte darauf, solche Kleidung wirklich nur dann zu waschen, wenn es unbedingt sein muss. Oft reicht schon das Auslüften.

Tipp: Waschbeutel nutzen

Eine clevere Entwicklung ist der Guppyfriend-Waschbeutel (www.guppyfriend.com). In ihm kannst du Kunstfaserkleidung waschen, ohne dass Mikroplastik ins Abwasser gelangt. Einfach die Plastikteilchen nach dem Waschgang aus dem Beutel pulen und in den Hausmüll werfen. Der Beutel selbst verliert keine Mikrofasern.

Weichspüler meiden

Eine Studie von 2016 untersuchte, wann welche Fasern bei der Wäsche aus Synthetikkleidung gelöst werden. Sie stellte fest: Die Zugabe von Weichspülern könnte »tendenziell« zu mehr gelösten Fasern führen. Lass den Weichspüler also sicherheitshalber lieber weg. Notwendig ist er sowieso nicht: Ein Schuss Essig oder Zitronensäure bringt fast denselben Effekt.

Flusensieb nicht in den Abfluss leeren

Wenn du die angesammelten Fusseln aus dem Sieb von Waschmaschine oder Trockner entfernst, achte darauf, diese im Mülleimer und niemals im Waschbecken oder der Toilette zu entsorgen. Andernfalls gelangen auch noch die Fasern, welche das Sieb zurückhalten konnte, ins Abwasser.

Keine Putztücher aus Mikrofaser benutzen

Putz- und Spültücher bestehen oftmals aus Mikrofaser. Sie verlieren genau wie Kleidung bei der Wäsche winzige Kunstfasern. Putzen geht genauso gut mit Baumwolltüchern oder Stoffresten, zum Beispiel von alter Bettwäsche oder Geschirrtüchern.

Neue Mini-
gewohnheiten etablieren

Gewohnheiten und deren Auslöser

Such dir nun einige Aktivitäten, die du in den nächsten Wochen als Gewohnheiten etablieren willst.
Finde außerdem passende Auslöseanker dazu.

Auslöser	Gewohnheit
✳	✳
✳	✳
	✳
	✳

Und damit fange ich an:

✗ ....

✗ ....

MEINE
NOTIZEN

Verpackungen vermeiden im Supermarkt

Keine Frage: Wochenmärkte und Unverpacktläden sind die beste Wahl für den plastikfreien Einkauf. Die meisten von uns kaufen trotzdem im Supermarkt ein — und kommen mit einem Berg an Verpackungsmüll nach Hause. Dabei ist es gar nicht so schwer, auch dort Plastik und anderen Abfall zu reduzieren.

Pfandglas statt Plastikbecher

In den meisten Kühltheken gibt es Joghurt nicht nur in bunten kleinen Plastikbechern, sondern auch in etwas größeren Pfandgläsern. Das vermeidet Plastikmüll, und die Gläser können immer wieder verwendet werden — übrigens auch zur Lagerung von Eingemachtem und Resten zu Hause.

Mehrweg statt Einweg

Auch bei Getränken gibt es in der Regel die Option, Mehrwegflaschen anstelle von Einwegflaschen oder -packungen zu kaufen. Mehrwegplastikflaschen erkennst du am dickeren, festeren Kunststoff und am Pfandaufdruck. Viele Getränke bekommst du aber auch in Pfandglasflaschen.

Lieber frisch als fertig

Tütensuppen, Mikrowellenlasagne, Tiefkühlpaella: Fertiggerichte sind typischerweise in Plastik, Alu und/oder Pappe verpackt. Auch Konservendosen sind innen oft mit Kunststoff beschichtet. Wer auf Fertigessen verzichtet und frisch kocht, spart nicht nur Verpackungsmüll, sondern ernährt sich außerdem gesünder, denn in Fertiggerichten stecken oft zweifelhafte Zusatzstoffe.

Keine To-go-Produkte

Fertigsalat, geschnittenes Obst und Müsli zum Mitnehmen — mit To-go-Produkten kaufen wir in der Regel jede Menge Verpackungsmüll. Kleine Portionen sind außerdem oft deutlich teurer als größere Packungen — ein gutes Geschäft für die Hersteller, ein weniger gutes für uns und die Umwelt. Ein ganzer Salatkopf oder frisches Obst macht weniger Müll und ist günstiger.

Frischetheke statt Kühlregal

Fertig abgepackte Käse- oder Wurstscheiben haben neben dem Plastikmüll noch einen Nachteil: Sie werden schneller schlecht. Kauf deinen Bio-Käse lieber am Stück an der Frischetheke, dort wird er in Papier oder zumindest in weniger Plastik gewickelt. In immer mehr Läden kannst du die Ware an der Theke auch in mitgebrachte Behälter packen lassen.

Kein Gemüse in Plastik

Es ist absurd, dass die einzigen unverpackten Lebensmittel, die es im Supermarkt noch gibt — Obst und Gemüse —, in einzelnen Plastik-

tütchen gekauft werden sollen. Da hilft nur: Entweder bringst du eigene Behältnisse mit, etwa Papiertüten oder ein Netz. Oder du legst die fünf Möhren und drei Äpfel einfach ohne Plastiktüte auf das Band an der Kasse.

Keine Mehrfachverpackungen und Einzelportionen

Verzichte nach Möglichkeit auf Mehrfachverpackungen. Süßigkeiten zum Beispiel werden oft doppelt und dreifach verpackt. Eine große Packung Gummibärchen ergibt am Schluss deutlich weniger Plastikmüll als eine Tüte voll einzeln verpacktem Süßkram. Viele Minifrischkäse oder Cornflakespackungen produzieren mehr Abfall als eine große. Seifen und Duschgels gibt es oft in Nachfüllpackungen, die weniger Müll produzieren als einzeln gekaufte Produkte.

Tipp: Verpackungen im Laden lassen

Wenn du die gewünschten Waren nur in aufwendigen Mehrfachverpackungen bekommst: Pack sie hinter der Kasse aus, und lass die Umverpackung im Laden. Die Läden sind gesetzlich dazu verpflichtet, die Verpackungen ordnungsgemäß zu entsorgen.

Echtes Brot kaufen

In Plastik eingeschweißte Aufbackbrötchen und Brotscheiben haben mit echtem Brot nicht viel zu tun. Sie sind in der Regel industriell gefertigt und künstlich haltbar gemacht. Nicht selten beinhalten sie zudem gentechnisch

veränderte Enzyme. Besser, du kaufst frisches Brot beim echten Bäcker — der packt es in eine Papiertüte oder in deinen mitgebrachten Stoffbeutel.

Schluss mit Plastikwasser

Schleppst du immer noch Wasser in Plastikflaschen nach Hause? In fast allen Regionen Deutschlands ist das Leitungswasser bedenkenlos trinkbar und oftmals sogar von besserer Qualität als abgefülltes Wasser. Wenn du auf die Kohlensäure im Wasser nicht verzichten möchtest, bist du mit einem Wassersprudler gut beraten.

Weniger Reinigungsmittel

Badreiniger, Glasreiniger, WC-Reiniger, Kalkentferner, Weichspüler: Die Reinigungsmittelregale in den Supermärkten suggerieren, man bräuchte für jeden Bereich ein eigenes Produkt. So sammeln sich schnell jede Menge mehr oder weniger giftige Mittel in bunten Plastikflaschen im Haushalt an. In diesem Fall heißt es jedoch: Weniger ist mehr. Siehe hierzu auch S. 120/121.

Bewusst einkaufen

Plastic is a killer

Achte diese Woche beim Einkauf darauf, so wenig Verpackung wie möglich in deinen Einkaufskorb wandern zu lassen. Schaffst du es komplett ohne Plastikverpackungen?

Was war dabei besonders schwierig?

✳ ....

✳ ....

✳ ....

Was war einfacher als gedacht?

✳ ....

✳ ....

✳ ....

Verpackungsfreie Einkaufsmöglichkeiten

Gibt es in deiner näheren Umgebung Geschäfte, in denen du lose Lebensmittel kaufen kannst?
Notiere dir hier die Adressen. Schau doch diese Woche einmal bei einem vorbei.

✳ ....

✳ ....

MEINE NOTIZEN

Den Kühlschrank richtig nutzen

Der Kühlschrank läuft 365 Tage im Jahr rund um die Uhr.
Wer nicht aufpasst, verschwendet unnötig viel Strom und riskiert,
dass Lebensmittel schimmeln und sich schädliche Keime bilden.
So etwas kannst du leicht verhindern.

Keine nassen Lebensmittel in den Kühlschrank legen

Wäschst du Obst und Gemüse gleich nach dem Einkauf? Das ist keine schlechte Idee—allerdings solltest du die Lebensmittel gründlich abtrocknen, bevor du sie in den Kühlschrank legst. Denn auf feuchtem Obst oder Gemüse können sich schneller Bakterien, Schimmel oder Keime bilden.

Keine warmen Speisen in den Kühlschrank stellen

Vom Mittagessen ist noch etwas übrig geblieben, oder du hast auf Vorrat gekocht? Dann lass die Lebensmittel unbedingt abkühlen, bevor du sie in den Kühlschrank stellst. Denn warmes Essen erwärmt das Innere des Geräts. Der Kühlschrank muss dann umso stärker kühlen, um die gewünschte Temperatur wiederherzustellen —und das kostet jede Menge Energie. Ein anderes Problem bei heißen Speisen im Kühlschrank: Wenn sie Dampf absondern, bildet sich daraus Kondenswasser. Das wiederum kann einen Eispanzer am Gefrierfach bilden oder zumindest verstärken.

Das gehört nicht in den Kühlschrank

Bestimmte Lebensmittel gehören nicht in den Kühlschrank—einige brauchen es einfach nicht kühl, anderen schadet die Kälte sogar. Was du nicht im Kühlschrank lagern solltest:

- Tomaten: Sie verlieren dort ihr Aroma und können schneller schimmeln.
- Speiseöle: Olivenöl wird beispielsweise im Kühlschrank flockig.
- Brot: Brot bekommt im Kühlschrank nicht genug Luft—es bildet sich schneller Feuchtigkeit und somit Schimmel.
- Zitrusfrüchte: Zitronen, Orangen, Grapefruits oder Mandarinen vertragen die Kälte schlecht.
- Knoblauch und Zwiebeln: Im Kühlschrank ist es zu feucht und zu kalt für sie.

Richtig einräumen

Wer seinen Kühlschrank richtig einräumt, stellt sicher, dass die Einkäufe länger haltbar sind. Denn nicht jeder Platz im Kühlschrank ist für alle Nahrungsmittel gleich gut geeignet. Ein gut eingeräumter Kühlschrank verbraucht außerdem weniger Strom. Generell gilt: Warme Luft steigt nach oben. Daher sind die oberen Fächer im Kühlschrank etwas weniger kühl als die unteren Fächer. Entsprechend solltest du deine Lebensmittel einräumen:

ICE, ICE, BABY!

- Unterstes Fach: Hierher gehören leicht verderbliche Nahrungsmittel wie Fleisch, Wurst und Fisch sowie angebrochene Lebensmittel (insbesondere tierische Produkte).
- Mittleres Fach: Milchprodukte wie Käse, Joghurt oder Quark
- Oberstes Fach oder Türfächer: Eier, Butter und Margarine, Marmelade und gekochte Speisen, da sie nicht so stark gekühlt werden müssen.
- Gemüsefach: Obst und Gemüse. Entferne vorher jedoch die Plastikverpackungen, da sonst zu viel Kondenswasser entsteht und die Lebensmittel schneller schimmeln.

Die richtige Temperatur

Viele Kühlschränke sind zu kalt eingestellt—eine unnötige Energie- und damit Geldverschwendung. Als Faustregel gilt: Wenn die Butter nicht streichfähig ist, ist der Kühlschrank zu kalt. Die optimale Kühlschranktemperatur liegt bei sieben Grad Celsius. Bei Kühlschränken ohne Thermometer und Regler von 1–6 oder 2–7 entspricht das meist den niedrigen Reglerstufen 1 oder 2. Für den Gefrierbereich liegt die ideale Temperatur bei −18 Grad.

 Info:
Bereits ein Grad weniger kann sechs Prozent mehr Stromverbrauch bedeuten.

Der richtige Standort

Stell deinen Kühlschrank nicht neben Wärmequellen und die Gefriertruhe an einen kühlen Ort. Deine Kühlgeräte können die Wärme, die beim Kühlen entstehen, dann besser abgeben, sind langlebiger und verbrauchen weniger Energie. Die Klimaklasse auf dem Typenschild deines Geräts informiert dich über die optimale Umgebungstemperatur.

Dicke Eisschicht?

Ein wenig Reifansatz an den Innenwänden des Kühl- oder Gefrierschranks ist normal. Wenn sich aber eine dicke Eisschicht bildet, erhöht sich dadurch der Stromverbrauch. Dann solltest du das Gerät abtauen. Damit dein Kühlschrank nicht so schnell vereist, verstau die Lebensmittel am besten verschlossen im Kühlschrank. Unverpackt geben sie Feuchtigkeit ab und lassen so eine Eisschicht entstehen.

Mein Kühlschrank im Check

Meine Kühlschrankfehler
Welche Kühlschrankfehler hast du bisher unbewusst gemacht?

* ....

* ....

* ....

* ....

Gecheckt?

Wie sieht es in deinem Kühlschrank aus, ist alles richtig einsortiert?

→ Unterstes Fach: leicht verderbliche Nahrungsmittel ☐

→ Mittleres Fach: Milchprodukte ☐

→ Oberstes Fach / Türfächer: Lebensmittel, die nicht allzu sehr gekühlt werden müssen ☐

→ Gemüsefach: Obst und Gemüse ☐

MEINE NOTIZEN

Loslassen,
was dir nicht guttut

*Hast du auch Angewohnheiten oder Verhaltensweisen, die du an dir eigentlich
nicht magst, die du aber nur schwer loslassen kannst?
Das Sein-Lassen ist tatsächlich nicht so einfach. Was dagegen funktioniert, ist:
unerwünschtes Verhalten durch ein erwünschtes zu ersetzen.*

BYE BYE!

Wie geht das?

Zunächst einmal schaust du dir an:

◉ Wo handelst du in deinem Leben entgegen
deinen Werten?

◉ Wo handelst du so, dass es dir körperlich/
gesundheitlich nicht guttut?

◉ Was willst du in Zukunft nicht mehr in
deinem Leben?

Danach suchst du dir etwas, was du stattdessen
(tun) willst.

Für das Loslassen brauchst du zusätzlich:

⟶ den Kontext oder das Umfeld, in dem das
unerwünschte Verhalten stattfindet, und
den Auslöser (was führt dazu, dass du ... tust?)

⟶ Manchmal ist auch der sogenannte »Point
of no Return« wichtig. Also der Zeitpunkt,
ab dem das unerwünschte Verhalten automatisch abläuft und du kaum mehr eine Chance
hast, es aufzuhalten.

⟶ eine Belohnung

Ein Beispiel

Anna ist unzufrieden mit ihrem Verhalten.
Eigentlich will sie die elf Kilometer zur Arbeit
täglich mit dem Rad fahren. Aber sie steht
häufig zu spät auf und muss dann ins Auto steigen, um gerade noch pünktlich anzukommen.
Der Auslöser des unerwünschten Verhaltens
ist gleichzeitig der »Point of no Return«:
Sie lässt sich von ihrem Smartphone aufwecken,
das neben dem Bett liegt. Sobald der Wecker
klingelt, schaltet sie ihn auf Snooze oder einfach
ganz ab — und schläft dann erneut ein. Wenn
sie wieder aufwacht, ist es zu spät fürs Fahrradfahren. Mit diesen einfachen Maßnahmen
schafft sie es, die unerwünschte Verhaltensweise loszulassen:

1. Sie legt das Smartphone an die Schlafzim-
mertür und aktiviert einen lauteren Klingelton.
Um den Wecker abzuschalten, muss sie aus
dem Bett steigen und ist dann schon auf halbem
Weg zum Bad. Früher hatte sie den Wecker
zwar auch nicht im Bett, aber so ungünstig
platziert, dass sie nach dem Ausschalten
des Weckers auf dem Weg zum Bad wieder am
warmen Bett vorbeimusste — und dessen Sog
konnte sie oft nicht widerstehen.

2. Sie legt sich am Abend schon die Kleidung zurecht, die sie zum Fahrradfahren anziehen will. An ihrer Arbeitsstelle hat sie außerdem Wechselklamotten deponiert, falls sie einmal durchgeschwitzt ankommt.

3. Auch das Frühstück ist so weit vorbereitet, dass sie nur noch Obst für ihr Müsli schneiden und die Mandelmilch aus dem Kühlschrank nehmen muss.

4. Im Büro belohnt sie sich nach dem Radeln mit einer großen Tasse Grüntee.
Falls für den nächsten Morgen Regen angesagt ist, stellt sie den Wecker früher, sodass sie noch den Bus erwischen kann. Das macht sie auch im Winter, wenn es ihr auf dem Rad zu ungemütlich ist.

Oder: Einfach den Kontext wechseln

Manchmal hilft ein Kontextwechsel: Jan radelt täglich zur Arbeit. Auf dem Weg nach Hause kann er aber häufig der Versuchung eines Burgerladens nicht widerstehen. Da er seinen Fleischkonsum reduzieren und kein Fleisch aus unbekannter Herkunft mehr verzehren will, ändert er seine Fahrtroute (= neuer Kontext). Er nimmt jetzt immer einen kleinen Umweg, auf dem er bei einem Bio-Laden vorbeikommt. Dort kauft er ein oder nimmt an der Theke ein warmes Gericht zu sich.

Und los!

1. Blättere eine Seite um. Dort findest du eine Tabelle.

2. Schreib in die linke Spalte die bisherigen Verhaltensweisen, die du loslassen willst, jeweils den Kontext und/oder Auslöser und den »Point of no Return«.

3. Rechts schreibst du neben jedes unerwünschte Verhalten das gewünschte neue (inkl. Kontext).

4. Such dir nun die drei Verhaltensweisen heraus, die du in der nächsten Zeit durch hilfreichere ersetzen willst.

Tipp: Immer nur eine Veränderung

Viele neigen dazu, gleich mehrere Verhaltensänderungen gleichzeitig anzugehen. Damit überfordern sie sich. Die Wahrscheinlichkeit, dass sie keine davon durchhalten, ist sehr hoch. Deshalb: Widme jeweils einen ganzen Monat einer Verhaltensänderung. Erfahrungsgemäß braucht es etwa 30 Tage, bis eine neue Gewohnheit auch wirklich »sitzt«.

Altes loslassen und Neues etablieren

Tschüss, schlechte Gewohnheit!

Schreibe hier auf, welches Verhalten du loslassen und welches du stattdessen etablieren möchtest.

Bisheriges Verhalten	Neues Verhalten
*	*
*	*

Schreibe hier dein Warum für das neue Verhalten auf.

✳ ....

✳ ....

✳ ....

MEINE NOTIZEN

So geht's weiter: Konsum — das ist wohl eines der am negativsten behafteten Wörter unserer Zeit. Deshalb ist es wo wichtig, gerade hier bewusst zu handeln. In den nächsten sechs Wochen geht es um natürliche Körperpflege, wie du Shampoo, Duschgel und Peeling selber herstellen und sogar beim Zähneputzen auf die Umwelt achten kannst. Weiter geht es danach mit den Themen Putzen und Waschen. Auch hier kann man mit einfachen Hausmitteln viel erreichen!

Natürlich schön: Körperpflege zum Wohlfühlen

Duschgel, Shampoo, Deo, Zahnpasta:
Viele Kosmetikprodukte sind nicht mehr aus unserem Alltag wegzudenken.
Gerade hier lohnt es sich, einen genauen Blick darauf zu werfen,
was wir eigentlich verwenden. Denn viele konventionelle Produkte
können der Gesundheit und der Umwelt schaden.

Heikle Inhaltsstoffe

Die Inhaltsstofflisten von Kosmetik- und Pflege-produkten sind meist lang und für den Laien schwer durchschaubar. Mikroplastik, Konservierungsstoffe und jede Menge anderer Chemikalien werden dort aufgeführt. Umso wichtiger, um besonders bedenkliche Stoffe einen großen Bogen zu machen:

→ Parabene werden als Konservierungsstoffe eingesetzt. Sie können im Körper ähnlich wirken wie Hormone. Daher sind sie besonders gefährlich für Schwangere, Kleinkinder und Jugendliche in der Pubertät.

→ Tenside/Emulgatoren: Polyethylenglykol, kurz PEG, und PEG-Derivate können unsere Haut durchlässiger machen — für Wirkstoffe, aber auch für Schadstoffe. Vor allem für gereizte Haut sind sie daher kritisch und können potenziell allergieauslösend sein. Zudem können sie als krebserregend geltende Rückstände von Ethylenoxid enthalten.

→ Aluminium: Aluminiumsalze werden trotz der negativen Berichterstattung immer noch viel zu häufig in Deos verwendet. Insbesondere durch gereizte oder verletzte Haut, etwa nach dem Rasieren, kann das gefährliche Aluminium durch die Haut in den Körper gelangen. Fatal, denn bei der gesundheitlichen Bewertung von aluminiumhaltigen Produkten gibt es noch viele offene Fragen.

→ Erdöl: Beinahe kein konventionelles Pflegeprodukt kommt ohne Erdöl aus, denn viele Inhaltsstoffe werden auf der Basis von Erdöl hergestellt. Es findet sich als fettende Komponente in Form von Paraffinen oder als Ausgangsstoff für PEG/PEG-Derivate, Duftstoffe und UV-Filter. Doch so praktisch dieser Stoff zu sein scheint: Die Haut wird dadurch »abgedichtet«, kann nicht atmen und trocknet erst recht aus. Aber auch für die Umwelt ist die Verwendung aufgrund der zunehmend riskanten Förderung und Verwertung höchst problematisch.

→ Mikroplastik: Die Problematik von Mikroplastik (siehe auch S. 84/85) ist heute in aller Munde, und trotzdem setzen es viele Kosmetikhersteller immer noch ein. Die winzigen Kunststoffpartikel finden sich etwa als Kügelchen im Peeling oder werden als Füllstoffe verwendet. Umweltschutzorganisationen wie Greenpeace und BUND warnen deutlich vor Kunststoffen in Kosmetika und fassen darunter auch Kunststoffe (Polymere), die wasserlöslich sind oder in den Produkten in flüssiger, gelförmiger, wachsförmiger Struktur oder in Nanogröße vorkommen können.

BE YOUTIFUL!

→ Palmöl: Palmöl ist zwar nicht unbedingt schädlich für unsere Gesundheit. Aber für die Umwelt ist der massenhafte Einsatz eine Katastrophe. Die immer weiter steigende Nachfrage nach billigem Palmöl führt vor allem in Südostasien zu gewaltigen Umweltzerstörungen. Wertvoller Regenwald wird durch Brandrodung hektarweise vernichtet — eine ernste Gefahr für die Artenvielfalt, die lokale Bevölkerung und das Weltklima.

Tipp:

Für Durchblick im Inhaltsstoffdschungel helfen Codecheck und ToxFox: Online und als App zeigen sie, was in den Kosmetikprodukten steckt, welche Inhaltsstoffe bedenklich sind und warum. Einfach nach dem konkreten Produkt suchen (bzw. den Barcode mit dem Smartphone scannen), und schon bekommt man eine Einschätzung der Inhaltsstoffe angezeigt.

Link-Tipp:

Listen mit Naturkosmetikprodukten findest du auf www.utopia.de/bestenlisten.

Die Alternative: Zertifizierte Naturkosmetik

Wer gesundheits- und umweltschädliche Substanzen in Pflegeprodukten vermeiden will, sollte zertifizierte Naturkosmetikprodukte kaufen. Diese verzichten so weit wie möglich auf Chemie, und es gibt sie inzwischen fast überall und für jedes Budget. Aber Vorsicht: Naturkosmetik oder Bio-Kosmetik sind keine gesetzlich geschützten Begriffe! Lass dich nicht von leeren Worten und irreführenden Abbildungen von Pflanzen oder Früchten täuschen, sondern orientiere dich an kontrollierten Naturkosmetiksiegeln. Das Naturkosmetiksiegel des BDIH definiert Mindestkriterien für Naturkosmetik. Die damit gekennzeichneten Produkte sind weitaus umweltfreundlicher und verträglicher als konventionelle. Sehr weit verbreitet ist auch das Natrue-Siegel.

....
Natürliche Kosmetika
....

Sieh dich in deinem Bad genau um

Welche Produkte könntest du durch eine Naturkosmetikvariante ersetzen, welche selbst herstellen, und auf welche könntest du sogar ganz verzichten?

Naturkosmetik besorgen	selber machen	weglassen
✱	✱	✱
	✱	✱
	✱	

Nimm die Produkte, die du regelmäßig verwendest, genauer unter die Lupe. Dabei helfen dir die Apps Codecheck und ToxFox. Einfach den Barcode mit dem Smartphone scannen und bedenkliche Stoffe entlarven!

Welche Naturkosmetik könntest du stattdessen nutzen?

✳ ....

✳ ....

MEINE NOTIZEN

Haare
ganz natürlich waschen

Für jeden Haartyp und jedes Problem gibt es diverse Produkte zu kaufen. Doch so anspruchsvoll ist unser Haar gar nicht. Im Gegenteil: Silikone, Duftstoffe und Parabene schaden dem Haar eher. Im Grunde ist es mit wenigen natürlichen Pflegestoffen zufrieden.

Haarseifen

Wer auf Verpackungen und synthetische Tenside verzichten möchte, sollte feste Haarseifen verwenden. Sie sind ergiebiger als flüssiges Shampoo und gesünder für Haut und Haare. Das Haar wird mithilfe von natürlichen Tensiden, verseiften Ölen, gereinigt. Viele Haarseifen gibt es auch ohne das problematische Palmöl. Öle, die die Haare pflegen und Feuchtigkeit spenden, sind zum Beispiel Avocadoöl, Babassuöl oder -butter und Rizinusöl. Die Haare mit Haarseifen zu waschen ist an sich nicht kompliziert: die Seife einfach in den Händen aufschäumen und den Schaum gleichmäßig im Haar verteilen und einmassieren. Kurz einwirken lassen und anschließend gut ausspülen. Haarseifen sind für verschiedene Haartypen erhältlich. Sind die Haare nach dem Waschen beispielsweise zu trocken, sollte man zu einer Seife mit höherem Überfettungsgrad greifen, also einer, die mehr als fünf Prozent reines Fett enthält. Es gilt: je mehr Überfettung, desto mehr Pflege und desto weniger trockene Haare.

Info: Haarseifen vs. festes Shampoo

Festes Shampoo unterscheidet sich von gewöhnlichem Shampoo nur darin, dass ihm Wasser entzogen wurde. Haarseifen haben im Gegensatz dazu eine ganz andere Basis. Sie bestehen aus Laugen, Fetten und Ölen.

Saure Rinse

Eine normale Haarwäsche mit heißem Wasser und Shampoo belastet die Haarstruktur. Das macht die äußere Schuppenschicht leicht angreifbar. Die Haare wirken oft rau und matt, und sie lassen sich nicht mehr so leicht kämmen. Mit einer sauren Rinse, die ähnlich wie eine Spülung wirkt, baust du die normale Struktur deiner Haare wieder auf. Vor allem wenn du eine Haarseife benutzt, ist eine saure Rinse ideal. Denn sie neutralisiert den pH-Wert der Seife, dadurch legt sich die Schuppenschicht der Haare wieder besser an. Auch kannst du mögliche Seifenrückstände mithilfe einer sauren Rinse leichter aus deinen Haaren waschen. Sie verleiht dem Haar außerdem mehr Glanz und verbessert die Kämmbarkeit. Die Herstellung und Anwendung sind ganz einfach: In einer leeren Flasche ein Liter kaltes Wasser mit zwei Esslöffeln Apfelessig mischen und die saure Rinse nach dem Waschen über

SCHÜTTEL DEIN HAAR FÜR MICH!

die Haare geben. Sie muss dann nicht noch mal ausgespült werden. Sobald deine Haare getrocknet sind, verflüchtigt sich auch der Essiggeruch. Neben Apfelessig funktioniert die saure Rinse auch mit Balsamicoessig, Kräuteressig und Zitronensaft oder Zitronensäure. Bei Zitronensäure reicht allerdings ein halber Teelöffel aus.

Lavendelshampoo

In wenigen Schritten kannst du dir auch dein ganz individuelles Bio-Shampoo anrühren. Mit Lavendel machst du kaum etwas falsch: Er ist für jeden Haartyp geeignet und hinterlässt ein erfrischendes Gefühl auf der Kopfhaut, da er die Durchblutung anregt.

Dazu brauchst du:

- 250 ml Seifenlauge als Grundlage
- 25 g getrocknete Lavendelblüten
- 25 ml Lavendeltinktur
- einige Tropfen ätherisches Lavendelöl
- 150 ml Wasser
- ein leeres Gefäß

So geht's:

1. Übergieße die Lavendelblüten mit 150 ml kochendem Wasser und lasse den Sud drei Stunden lang ziehen.
2. Gieße den Sud ab, und gib die Lavendeltinktur sowie das ätherische Öl dazu.
3. Vermenge das Lavendelwasser mit der Seifenlauge, und fülle es in ein leeres Gefäß.

Im Kühlschrank hält sich das Lavendelshampoo bis zu zwei Wochen.

Roggenmehlshampoo

Noch einfacher ist die Herstellung von Shampoo aus Roggenmehl. Dabei bindet die Stärke aus dem Mehl überschüssiges Fett und Talg aus den Haaren und reinigt sie so. Damit keine Mehlreste in deinen Haaren bleiben, solltest du möglichst feines Roggenmehl (Type 1150) verwenden. Mische 3 bis 5 Esslöffel Mehl in einer Schüssel mit lauwarmem Wasser, bis die Mischung eine glatte, gelartige Konsistenz erreicht. Lasse den Mehlbrei 10 bis 60 Minuten ziehen. Verteile ihn anschließend gleichmäßig im Haar, und massiere deine Kopfhaut. Nach einer Einwirkzeit von 3 bis 5 Minuten spülst du es gründlich aus. Fertig! Wenn deine Kopfhaut gereizt ist, kannst du dein Roggenmehlshampoo auch mit milden Kräutertees wie Salbeitee anrühren.

Tipp:

Je öfter man die Haare wäscht, desto fettiger werden sie. Probiere einmal, deine Haare nur mit Wasser zu waschen. Dabei benutzt du quasi den eigenen Talg für die Pflege deines Haars.

Haarpflege:
einfach und natürlich

Ein etwas anderer Waschgang

Wasche deine Haare diese Woche nur mit Wasser, und massiere deine Kopfhaut dabei gründlich.
Was fällt dir nach dem Haarewaschen auf?

✽ ....

✽ ....

✽ ....

Selbstversuch: keine Haare waschen

Wie lange hältst du es aus, überhaupt keine Haare zu waschen? Probiere es einmal aus!

_____ Tage ohne Haarewaschen

MEINE NOTIZEN

Perfekt gepflegt: Duschgel und Peeling

Hautreizende Duft- und Konservierungsstoffe aus handelsüblichem Duschgel können deine Haut langfristig schädigen und empfindlicher machen. Ein schonendes Duschgel sowie ein Peeling lassen sich leicht selber machen.

Pflegeprodukte selber herzustellen hat mehrere Vorteile. Du weißt ganz genau, was drin ist, und da du ausschließlich natürliche Zutaten benötigst, ist auch das Allergierisiko gering. Außerdem tust du damit der Umwelt etwas Gutes: Du brauchst nur noch eine (alte) Verpackung, die du immer wieder auffüllst. Alternativ eignet sich auch eine Glasflasche.

Duschgel selber machen

Für das Grundrezept brauchst du:

- 30–40 g Natur- oder Kernseife (am besten eine palmölfreie Seife aus dem Bio-Laden oder aus Onlineshops)
- 400 ml Wasser
- etwas Pflanzenöl (z. B. Oliven-, Sesam- oder Sonnenblumenöl)
- etwas Verdickungsmittel (z. B. Johannisbrotkernmehl oder einfache Speisestärke)

So geht's:

1. Reibe das Seifenstück mit einer Küchenraspel möglichst klein.
2. Fülle das Wasser in einen Topf, und gib die Seifenraspeln hinzu.
3. Erwärme das Ganze auf dem Herd bei mittlerer Stufe.
4. Rühre die Lauge mit einem Schneebesen gut durch, sobald die Seife zu schmelzen beginnt. Erst wenn keine Seifenstücke mehr zu

erkennen sind, gibst du das Pflanzenöl dazu. Anschließend kannst du noch etwas Verdickungsmittel einrühren, bis das Duschgel die gewünschte Konsistenz erreicht. Du kannst das Verdickungsmittel auch weglassen, dann bleibt das Duschgel aber sehr flüssig.

Tipp:

Ist das selbst gemachte Duschgel noch zu flüssig? Dann gib noch etwas mehr Seife oder Verdickungsmittel hinzu. Ist es zu fest, verwende etwas mehr Wasser.

Das Duschgel verfeinern

Während dein Duschgel im Topf langsam abkühlt, kannst du weitere Zutaten dazugeben:

Ätherische Öle: Zum Verfeinern gibst du einfach 10 bis 15 Tropfen eines ätherischen Öls deiner Wahl in den Topf und verrührst sie. Für ein entspannendes Duschgel eignet sich Lavendelöl besonders gut. Einen Frischekick erhältst du etwa mit Minzöl oder Zitrusölen. Achte immer darauf, möglichst naturreine ätherische Öle zu verwenden. So kannst du sichergehen, dass sie deine Haut nicht reizen.

Honig hat antibakterielle, hautschützende Eigenschaften und spendet Feuchtigkeit. Ein bis zwei Teelöffel Honig verleihen deinem Duschgel einen angenehmen Duft und eine

PURE &
SMOOTH

Tipp:
Anstatt Duschgel kannst du auch einfach (Kern-)Seife verwenden. Sie ist sehr unkompliziert und ergiebig. Ohnehin solltest du Duschgel und Seife nur sparsam einsetzen.

Meersalzpeeling selber machen

Ein- bis zweimal in der Woche empfiehlt sich nach dem Duschen ein Peeling. Entsprechende Produkte aus Drogerie und Supermarkt sind nicht nur teuer, sondern enthalten häufig auch Mikroplastik. Dabei kannst du natürliche Peelings ganz schnell selber machen. Das Öl im Peeling macht übrigens jede Bodylotion nach dem Duschen überflüssig.

Dazu brauchst du:

☾ feinkörniges Meersalz

☾ ein pflegendes Öl, z. B. Mandel- oder Avocadoöl

☾ optional ätherisches Öl, z. B. mit Zitrusnote

So geht's:

Das Meersalz vermengst du im Verhältnis 2:1 mit dem Öl. Das Peeling sollte nicht zu trocken, aber auch nicht zu ölig sein. Hast du zu viel Öl verwendet, gib noch etwas Salz hinzu und umgekehrt. Für ein betörendes Dufterlebnis unter der Dusche kannst du nach Wunsch wenige Tropfen ätherisches Öl darunter rühren.

Extraportion Pflege. Damit die kostbaren Enzyme des Honigs nicht verloren gehen, gib ihn erst zum Duschgel, wenn es nur noch lauwarm oder fast erkaltet ist.

Kräuter: Den Duft frischer Kräuter kannst du dir ebenfalls ins Duschgel holen. Am besten klappt das mit frischen Kräutern, denn in den Blättern und Zweigen stecken eigene ätherische Öle. Bevor du die Seifenraspeln dazugibst, lasse das Wasser mit einem Bund frischer Kräuter im Topf aufkochen. Erlaubt ist, was gefällt: Probiere Rosmarin, Brennnessel oder Kamille. Wenn du es dir ganz einfach machen möchtest, kannst du etwas Tee in das kochende Wasser geben.

Je nachdem, welche Inhaltsstoffe du verwendest, setzen sich die Stoffe nach einiger Zeit in der Flasche voneinander ab. Das ist ganz normal, denn dein Duschgel enthält nur natürliche Stoffe. Ein kräftiges Durchschütteln vermengt alles wieder miteinander.

Zwischenbilanz: meine Lebensqualität heute

Nimm dir Zeit zu reflektieren

Trage auf den folgenden Skalen ein, wie hoch deine Lebensqualität und dein Engagement in diesen Lebensbereichen inzwischen ist:

Gesundheit und Fitness

0 %   100 %

Konsum und Bedarf

0 %   100 %

Familie und Freunde

0 %   100 %

Lebensmittel und Ernährung

0 %   100 %

Partnerschaft und Sexualität

0 %   100 %

Mobilität und Reisen

0 %   100 %

Beruf und Finanzen

0 %   100 %

Energie- und Wasserverbrauch

0 %   100 %

Sinn im Leben

0 %   100 %

Verpackung und Müll

0 %   100 %

Mehr tun

In welche Bereiche willst du in der zweiten Jahreshälfte mehr Energie stecken und warum?

✳ ....

✳ ....

✳ ....

MEINE NOTIZEN

Zähneputzen: gesund und umweltfreundlich

*Zähne putzen wir mindestens zweimal täglich —
aber was genau nehmen wir da eigentlich in den Mund?
Und welche Zahnpflegeprodukte sind aus Gesundheits-
und Umweltsicht wirklich zu empfehlen?*

Plastikfreie Zahnbürsten

Über die Zahnbürste in unserem Mund kommen wir mehrmals täglich unbewusst mit Schadstoffen in Kontakt. Denn konventionelle Plastikbürsten können krebserregende polyzyklische aromatische Kohlenwasserstoffe (kurz PAKs) enthalten, warnt der BUND Naturschutz. Wer den Rat des Zahnarztes befolgt und eine elektrische Zahnbürste verwendet, ist laut BUND noch mehr Giftstoffen ausgesetzt. »Kabel, Platinen und Batterien enthalten mitunter hormonell schädliche Weichmacher, die Fortpflanzung schädigende Bleiverbindungen, krebserregendes 1,3-Propansulton und andere problematische Chemikalien«, schreibt die Umweltschutzorganisation.[5] Hinzukommt, dass man die Plastikköpfe regelmäßig austauschen muss und das Gerät Strom verbraucht. Wenn du auf eine Zahnbürste aus nachhaltigem Material umsteigst, musst du dir um die Giftstoffe keine Sorgen mehr machen. Außerdem brauchen die Zahnpflegeprodukte keine Jahrzehnte, um zu verrotten, und zerfallen auch nicht in umweltschädliches Mikroplastik. Stattdessen kannst du biologisch abbaubare Bürsten einfach auf den Kompost werfen oder in der Bio-Tonne entsorgen. Viele der alternativen Zahnbürsten bestehen aus Bambus, einem besonders schnell nachwachsenden Rohstoff aus Asien. Am besten orientierst du dich beim Kauf an Fair Trade — und Nachhaltigkeitssiegeln — so erkennst du die ökologisch besseren Modelle. Achte auch darauf, dass die Borsten der Bürste aus einem natürlichen Material bestehen. Viele bevorzugen Borsten aus BPA-freiem Nylon, weil sie widerstandsfähiger sind. Da Nylon nicht unumstritten ist, nutzen einige Hersteller inzwischen Borsten aus Rizinusöl.

Aber auch bei Zahnbürsten aus Naturmaterialien muss man vorsichtig sein. Werden die Borsten aus Tierhaaren hergestellt, sind diese laut Bundeszahnärztekammer (BZÄK) nicht empfehlenswert, weil sie sich einerseits nicht entsprechend reinigen lassen und sich andererseits Bakterien, Viren oder Pilze in den feinen Kanälen der Tierhaare einnisten und vermehren können. Außerdem sind die Borstenspitzen oft nicht abgerundet, was die Verletzungsgefahr des Zahnfleischs erhöht.

Die passende Zahnpasta

Zahnpflege hilft, Karies und Plaque zu vermeiden, und sorgt nebenbei für frischen Atem und weiße Zähne. Allerdings hat Zahnpasta zunehmend einen schlechten Ruf: 2016 fand Öko-Test in Zahncremes unter anderem Natri-

IMMER SCHÖN LÄCHELN!

umlaurylsulfat, PEG/PEG-Derivate und halogenoranische Verbindungen. Laut BUND werden die in den Tuben enthaltenen Schadstoffe auch mit der Schädigung der Fortpflanzungsorgane, dem Rückgang der Spermienqualität oder verfrühter Pubertät bei Mädchen in Verbindung gebracht. Auch Fluorid gilt als umstritten. Eine Überdosierung von Fluorid kann tatsächlich eine Fluorose auslösen, bei der Knochen brüchiger werden, Gelenke verdicken und versteifen können. Diese tritt aber nur in Extremfällen auf, wenn mindestens 10 bis 15 mg pro Tag über einen Zeitraum von über zehn Jahren aufgenommen wurden. Zugleich warnen viele Zahnärzte davor, auf Zahncreme ohne Fluorid umzusteigen und Verbrauchermagazine werten daher üblicherweise Zahnpasta ohne Fluorid ab. Unser Rat: Sprich am besten mit deinem Zahnarzt darüber.

Dazu kommt die Plastikverpackung, die die Zahnpastatube mit sich bringt. Im Zweifel solltest du dich nach Alternativen umsehen: → Zahnputztabletten ohne Plastikverpackung gibt es in Unverpacktläden und inzwischen auch in einigen Drogeriemärkten. Zerkaue eine Pille einfach so lange, bis sie in deinem Mund zu schäumen beginnt. Dann kannst du wie gewohnt putzen.

Link-Tipp:
Listen mit Bio-Zahnpasta findest du auf www.utopia.de/bestenlisten.

Ökologische Alternativen zur Zahnseide

Für eine gründliche Zahnpflege ist Zahnseide essenziell. Doch handelsübliche Produkte bestehen oft aus Kunststoff oder Nylon. Sie basieren also auf Erdöl und sind meist in einem Plastikbehälter verpackt. Eine Alternative ist Bio-Zahnseide aus reiner Seide und Bienenwachs, die in kleinen nachfüllbaren Glasbehältern angeboten wird. Zwar ist auch Seide kein ökokorrekter Rohstoff, aber immerhin besser, als sich Plastik durch die Zähne zu ziehen.

Info: Was ist mit Aktivkohle?
Inzwischen bieten viele Hersteller Zahnpflegeprodukte mit Aktivkohle an. Damit soll man verfärbte Zähne wieder aufhellen können, denn die raue Kohle reibt Belag einfach ab. Allerdings ist das nicht ungefährlich: Auf lange Sicht schleift die Kohle nämlich den Zahnschmelz ab und raut die Zahnoberfläche auf. Das macht die Zähne anfälliger für Zahnschmerzen und andere Beschwerden. Außerdem können sich Verschmutzungen leichter auf der aufgerauten Zahnoberfläche absetzen.

Was würdest du tun ...

... wenn du sicher wüsstest, dass du damit nicht scheitern kannst?

Erlaube dir zu träumen — und schreib auf, was du tun würdest.

✻ ....

✻ ....

✻ ....

✻ ....

✻ ....

✻ ....

✻ ....

✻ ....

✻ ....

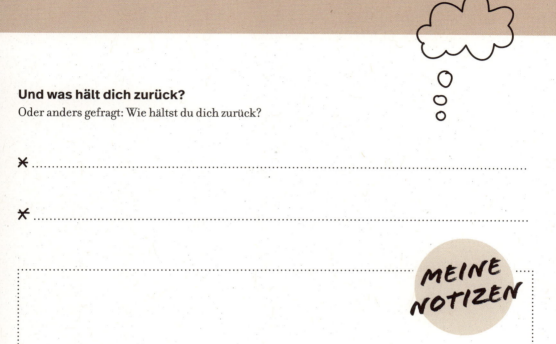

Und was hält dich zurück?

Oder anders gefragt: Wie hältst du dich zurück?

✳ ....

✳ ....

MEINE NOTIZEN

Einschränkende Glaubenssätze aufdecken

Jeder Mensch hat Glaubenssätze über sich und die Welt.
Diese Überzeugungen sind wie eine innere Landkarte und bestimmen mit,
wie wir uns verhalten. Sie können uns bestärken und motivieren
oder aber unsere Handlungsmöglichkeiten einschränken.

Solange du denkst, du kannst nicht singen oder nicht zeichnen, wirst du Singen und Zeichnen vermeiden—und weil dir die Übung fehlt, »kannst« du es dann auch nicht so gut wie andere. Umgekehrt: Wenn du davon überzeugt bist, dass du dich nur genügend anstrengen musst, dann schaffst du es auch und wirst dich in die Dinge, die du anpackst, richtig reinhängen—die Chancen, dass sie dir gelingen, sind dann weitaus höher.

Die Macht von Glaubenssätzen

Glaubenssätze sind uns oft nicht bewusst und liegen damit außerhalb unserer Wahrnehmung. Sie sind für uns so selbstverständlich, dass wir sie gar nicht infrage stellen, schließlich kennen wir es ja gar nicht anders. Glaubenssätze haben die Wirkung von Wahrnehmungsfiltern—somit haben sie auch die Tendenz, sich selbst zu bestätigen, also zu sich selbst erfüllenden Prophezeiungen zu werden (siehe das Zitat von Henry Ford rechts).

Glaubenssätze beeinflussen nicht nur unsere Sicht auf uns und die Welt: Sie beeinflussen auch, wie wir uns verhalten. Stell dir vor, wie jemand im Leben steht, der der festen Überzeugung ist: »Meine Eltern lieben mich, ganz egal, was ich tue.« Und dann stelle dir vor, wie sich jemand verhalten wird, der überzeugt

davon ist: »Ich muss nett zu allen Menschen sein, sonst mag mich keiner.« Oder: »Ich darf keine Fehler machen, sonst merken die anderen, dass ich nicht gut genug bin.«

Welche Glaubenssätze bestimmen dein Leben?

Mithilfe der Satzanfänge, die auf der nächsten Doppelseite abgedruckt sind, kannst du dir über deine Überzeugungen (positive wie einschränkende) klarer werden. Ergänze die Aussagen auf S. 118, möglichst ohne lange nachzudenken. Lass die Satzanfänge auf S. 119 noch frei. Dann kommst du hierher zurück.

Deine einschränkenden Glaubenssätze aufdecken

Widme dich nun den Aussagen »Ich muss …« und »Ich darf nicht …« auf S. 119. Bei der olgenden Übung ist es wichtig, dass du ehrliche Antworten gibst und nichts zensierst. Nur so hast du die Möglichkeit, deinen Glaubenssätzen auf die Spur zu kommen.

1. Im ersten Durchgang vervollständigst du die Sätze ohne viel Nachdenken. Die Zeilen dazwischen lässt du leer.

2. Du hast jetzt Aussagesätze nach dem Muster »Ich darf keine Fehler machen« und »Ich muss perfekt sein«. Anstelle des Punkts am Ende des

»OB DU DENKST,
DU KANNST ES,
ODER DU
KANNST ES NICHT:
DU WIRST
AUF JEDEN FALL
RECHT BEHALTEN.«
—HENRY FORD

Satzes setzt du nun ein Komma und ergänzt den Hauptsatz in der Leerzeile darunter um einen Nebensatz, der mit »weil«, »denn«, »sonst« oder »andernfalls« beginnt. Auch hier gilt: nicht lange nachdenken, schreibe das Erste hin, das dir einfällt. Beispielsweise: »Ich darf keine Fehler machen, weil ich sonst meinen Job verliere.«

3. Wenn du fertig bist: Lies dir Satz für Satz noch einmal laut vor, und nimm dir Zeit, damit jeder einzelne Satz wirken kann.

4. Beobachte in der nächsten Zeit, in welchen Situationen diese Überzeugungen wirksam sind und deine Handlungsmöglichkeiten einschränken (genauer gesagt: wann *du* deine Möglichkeiten einschränkst).

Auf den Seiten 128/129 geht es darum, wie du diese Glaubenssätze in positive, bestärkende umwandelst. Dazu brauchst du die Liste wieder.

Überzeugungen:
So sehe ich die Welt

Fülle die leeren Zeilen aus, wie es die Übung auf den vorherigen Seiten vorsieht.

Das Leben ist ....

Das Wichtigste ist ....

Arbeit ist ....

Familie ist ....

Geld ist ....

Glück ist ....

Zeit ist ....

Konflikte bedeuten ....

Gefühle sind ....

Veränderung heißt ....

Zukunft bedeutet ....

Fülle diese Zeilen erst im zweiten Schritt aus.

Ich muss ....

....

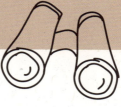

Ich muss ....

....

Ich muss ....

....

Ich darf nicht ....

....

Ich darf nicht ....

....

Ich darf nicht ....

....

MEINE NOTIZEN

Ökologisch putzen mit Hausmitteln

Viele herkömmliche Reinigungsmittel sind umweltschädlich, ungesund oder giftig.
Dabei ist ökologisch zu putzen nicht schwer:
Mit diesen Hausmitteln vertreibst du Schmutz aus deinem Zuhause,
ohne dass die Umwelt und deine Gesundheit darunter leiden.

Die guten alten Hausmittel

Konventionelle Reinigungsmittel wirken oftmals durch scharfe Tenside. Die meisten Hersteller verwenden schmutzlösende Substanzen auf Basis des knappen Rohstoffs Erdöl, fast alle Produkte enthalten synthetische Duft-, Farb- oder Konservierungsstoffe. Mit solchen Reinigungsmitteln gelangen umweltschädliche Stoffe ins Abwasser. Auch für unsere Gesundheit sind synthetische Inhaltsstoffe oft problematisch, weil sie Haut und Schleimhäute austrocknen und so anfälliger für Allergien und Ausschläge machen können. Deutlich umweltfreundlicher, weniger schädlich für die Gesundheit und verpackungsärmer ist das Putzen mit Hausmitteln. Mit nur wenigen davon kannst du die meisten Reinigungsmittel ersetzen.

Essig und Zitronensäure helfen gegen Kalk

Ökologisch zu putzen ist einfach: Mit lauwarmem Wasser und etwas Essigessenz bekommst du Glanz ins Bad und wirst Kalkflecken los. Die Mischung eignet sich zum Fensterputzen und als Weichspüler in der Waschmaschine. Wer den Geruch von Essig nicht mag, nutzt Zitronensäure. Damit entfernst du Kalkflecken ebenso effektiv und hast einen angenehmen Zitrusduft in der Nase. Übrigens wirkt auch Kartoffelstärke als Mittel gegen Kalk.

Tipp: Kalk vermeiden statt schrubben

Kalk entfernst du gleich nach dem Duschen, indem du Armaturen, Fliesen und Wanne mit einem Stofflappen trocken reibst.

Soda hilft gegen Fett

Schmierige Flächen in der Küche bekommst du ganz leicht mit Natron oder Soda sauber. Als Allzweckreiniger oder Spülmittel erfüllen sie manche Zwecke besser als herkömmliche Reiniger. Soda entfernt außerdem Verkrustungen und lässt weiße Wäsche strahlen. Einfach ein bis zwei Esslöffel mit einem Liter warmem Wasser vermischen.

Natron hilft gegen starke Verschmutzungen

Natron ist vielseitig einsetzbar. Unter anderem kann das Pulver aggressive herkömmliche Backofenreiniger ersetzen: Das Pulver 1:1 mit Wasser mischen und auf Verschmutzungen im Backofen geben, nach ein paar Stunden Einwirkzeit abschrubben und nachwischen.

Ein Kupfertuch hilft gegen Eingebranntes

Kupfer eignet sich als Weichmetall besonders für die Reinigung von Materialien, die härter als Kupfer selbst sind, beispielsweise Ceran-Kochfelder, Fliesen, Metalltöpfe oder Glas. Mit dem Kupfertuch entfernst du Verschmutzungen oder Eingebranntes ohne Chemie oder Kratzer. Es ist langlebig, kann in der Waschmaschine gewaschen werden und ist vollständig recycelbar. Damit bietet es eine altbewährte Ausweichmöglichkeit zu wiederverwendbaren Lappen und Putzschwämmen.

Ökologische Reinigungsmittel – eine gute Alternative

Wer trotz allem lieber Reinigungsmittel kaufen möchte, greift am besten zu ökologischen Reinigungsmitteln. Diese beinhalten Tenside auf der Grundlage natürlicher Fette und Zucker, also nachwachsender Rohstoffe. Sie enthalten keine synthetischen Duft-, Farb- und Konservierungsstoffe. Einige Hersteller bieten duftstofffreie Produkte für Allergiker an, viele Firmen achten zudem streng auf ökologischen Anbau. Allerdings sollte man jedes Reinigungsmittel, ob ökologisch oder nicht, so sparsam wie möglich verwenden.

Link-Tipp:

Listen mit ökologischen Putzmitteln findest du auf www.utopia.de/bestenlisten.

In Kombination mit Essig bekommst du mit Natron auch verstopfte Abflüsse frei: zwei Esslöffel Natronpulver direkt in den Abfluss geben, eine halbe Tasse Essig hinterherschütten, einwirken lassen, nachspülen, und die Rohre sind wieder frei.

Info:

Nicht verwechseln sollte man Natron mit Soda. Natron (Natriumhydrogencarbonat) ist auch bekannt als Speisesoda oder Backsoda. Im Handel erhältlich ist es zudem als Kaiser Natron, Bullrich-Salz oder Natriumbicarbonat. Natriumhydrogencarbonat ist auch ein Bestandteil von Backpulver. Soda (Natriumcarbonat) dagegen wird meist unter dem Namen Waschsoda oder Reine Soda verkauft.

Schmierseife hilft gegen ölige Substanzen

Ein Reinigungsklassiker ist Schmierseife, auch als grüne Seife bekannt. Die Seifenlösung wirkt, indem sie Schmutz und ölige Substanzen löst und aufnimmt. Du kannst sie sowohl zum Putzen als auch zum Waschen verwenden — weder Fenster noch Böden, Geschirr oder Wäsche sind vor ihr sicher. Nachhaltige Schmierseife besteht beispielsweise aus Wasser, Kaliseife, Oliven- und Kiefernöl und ist biologisch abbaubar.

Einschränkende Glaubenssätze

Einschränkenden Glaubenssätzen auf den Grund gehen

Sind dir in den letzten Wochen einschränkende Glaubenssätze aufgefallen, die du unwillkürlich gedacht hast? Gratulation: Es ist dir aufgefallen. Bewusstheit über das, was wir »denken«, ist ein wichtiger Schritt.

Welche einschränkenden Glaubenssätze waren das?

✳ ....

✳ ....

✳ ....

✳ ....

✳ ....

Wie haben diese Glaubenssätze deine Handlungsmöglichkeiten eingeschränkt? Was tust du nicht, weil du das glaubst?

✳ ....

✳ ....

MEINE NOTIZEN

Öko-Waschmittel selber machen

*Selbstgemachtes Waschmittel schont nicht nur Umwelt und Gesundheit,
sondern auch den Geldbeutel. Was du dazu brauchst, sind Seife und Waschsoda
oder auch nur zwei Handvoll Kastanien.*

Waschmittel aus Kastanien selber machen

Falls du dich fragst, was die Kastanie zum umweltfreundlichen Waschmittelersatz macht:
Die Kastanienfrüchte enthalten Saponine (lat. sapo = Seife), die beim Schütteln mit Wasser einen seifenartigen Schaum bilden.

Das brauchst du für einen Waschgang:

- 8–10 Kastanien
- 3 EL Waschsoda
- 1 Glas bzw. 1 Tasse Wasser

Als Arbeitsmaterialien benötigst du ein scharfes Messer, ein Schneidebrett und einen Wasserkocher.

Und so geht's:

1. Wasche die Kastanien, damit kein Schmutz daran haftet.

2. Hacke sie mit einem Messer klein. Positioniere die Kastanien dabei so, dass der helle Teil der Schale unten liegt, diese Stelle ist nämlich besonders hart.

3. Lege die kleinen Kastanienstücke am besten über Nacht oder für mindestens 2 Stunden in das Glas mit Wasser, bis die Flüssigkeit milchig wird. Durch das Einweichen lösen sich die in der Kastanie enthaltenen Saponine.

Das funktioniert mit kaltem Wasser — eine noch bessere Reinigungswirkung erzielst du, wenn du kochendes Wasser verwendest. Benutze dann aber eine Tasse anstelle eines Glases.

4. Gieße nach der Einweichzeit das milchige, schaumige Wasser ab. Mische nun noch 3 EL Soda darunter, das verstärkt die Wirkung.

5. Gib das Waschmittel nun wie gewohnt in das Spülfach deiner Waschmaschine und starte den gewünschten Waschgang.

Info: begrenzte Haltbarkeit

Lasse das selbstgemachte Waschmittel nicht länger als zwei Tage stehen, weil es sonst anfängt, unangenehm zu riechen.

Waschmittel aus Seife und Soda selber machen

Das brauchst du für etwa 2 Liter Waschmittel:

- 20 g Kernseife
- 20 g Gallseife (Veganer verwenden stattdessen die gleiche Menge vegane Kernseife)
- 3 l Wasser
- 4 EL Waschsoda
- 4 EL Zitronensäure
- 5 Tropfen ätherisches Öl

HERRLICH FRISCH

Zur Verarbeitung brauchst du eine große Schüssel oder einen Eimer, eine Küchenraspel, einen Schneebesen und einen Wasserkocher. Außerdem benötigst du genügend leere Waschmittelbehälter oder Glasflaschen.

Und so geht's:

1. Hoble die Kern- und Gallseife mit einer Küchenraspel fein und vermische sie in einer Schüssel gründlich mit dem Waschsoda. Dann gießt du 1 Liter kochendes Wasser hinzu und rührst die Masse kräftig, bis sich die Seife komplett aufgelöst hat.

2. Lass die Seifenmischung eine Stunde abkühlen, dabei entsteht eine puddingartige Masse. Diese verrührst du mit einem weiteren Liter kochenden Wassers, bis sie flüssig ist. Hier ist es wichtig, kräftig zu rühren, bis sich die Seife wieder komplett aufgelöst hat.

3. Lass die flüssige Mischung ausgiebig abkühlen, bis sie etwas gelartiger wird. Füge dann einen dritten Liter Wasser (kochend) hinzu und rühre kräftig. Dann gibst du langsam die Zitronensäure und nach Belieben ein paar Tropfen ätherisches Öl hinzu.

4. Lass das Waschmittel stehen, bis es etwas erkaltet ist. Dann füllst du es in die leeren Behälter um. Fertig ist das selbstgemachte Waschmittel inklusive Vorrat für die nächsten Monate.

Tipp: Schütteln vor dem Waschen

Bevor du das Waschmittel in die Maschine gibst, schüttle die Mischung kurz. Damit löst du die Klümpchen auf, die sich je nach Raumtemperatur im Waschmittel gebildet haben können.

Für leicht verschmutzte Wäsche, die du mit einem 30-Grad-Waschgang reinigst, ist das selbstgemachte Kastanienwaschmittel gut geeignet. Die Wäsche riecht dann angenehm frisch, ohne einen aufdringlichen Duft zu verströmen, wie es oft bei herkömmlichen Waschmitteln der Fall ist. Für stärker verschmutzte Wäsche und heißere Waschgänge empfiehlt sich das aus Seife und Soda hergestellte Waschmittel. Das ist, anders als das Kastanienwaschmittel, auch über mehrere Wochen und Monate gut haltbar.

Link-Tipp:

Listen mit ökologischen Waschmitteln findest du auf www.utopia.de/bestenlisten.

Von O-Mamas
Erfahrungsschatz profitieren

Oma, sag mal...

Die ältere Generation kann meist mit einer Fülle an hilfreichen Hausmitteln dienen. Befrage diese Woche doch einmal deine Eltern und Großeltern, was sie für praktische Haushaltstricks in petto haben, und schreibe sie hier auf.

✳ ....

✳ ....

✳ ....

✳ ....

Fallen dir Dinge auf, von denen du meinst, sie haben oder machen zu müssen, die deinen Großeltern noch völlig fremd waren?

✗ ....

✗ ....

✗ ....

MEINE
NOTIZEN

Bestärkende Glaubenssätze
entwickeln

So drehst du einschränkende Glaubenssätze gleichsam um
und entwickelst daraus Überzeugungen, die dich bestärken
und deine Handlungsmöglichkeiten erweitern.

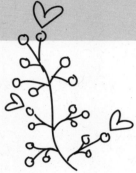

Alt gegen Neu

Alte Glaubenssätze kann man nicht einfach
»auslöschen«. Du kannst dir aber einen neuen
aneignen, der den unerwünschten mit der
Zeit ersetzt:

1. Zuerst identifizierst du einen einschränkenden Glaubenssatz.

2. Dann hinterfragst du ihn, um seine Wirkung
abzuschwächen.

3. Anschließend kreierst du dir einen neuen
bestärkenden Glaubenssatz, indem du den
alten »umschreibst«.

4. Schließlich integrierst du den neuen
Glaubenssatz in dein Leben und ersetzt somit
den alten.

Der alte einschränkende Glaubenssatz verschwindet meist nicht auf einen Schlag, aber du
kannst ihn immer weniger wirksam werden
lassen. Je mehr Aufmerksamkeit du dem neuen
bestärkenden Glaubenssatz schenkst, desto
wirksamer wird er.

Glaubenssatz hinterfragen

1. Schau dir noch einmal die Liste mit den
einschränkenden Glaubenssätzen an, die du
zusammengestellt hast (S. 118/119).

2. Wähle den Glaubenssatz aus, der dich am
stärksten einschränkt.

3. Auf der nächsten Doppelseite findest du
vier Fragen. Beantworte sie, und nimm dir Zeit
dabei.

4. Lies noch einmal den Glaubenssatz, und
frage dich jetzt: »Will ich das wirklich weiterhin glauben?« Wenn nicht: Schreibe groß
und nach Möglichkeit in Rot dahinter: »NEIN!«

Einen bestärkenden Glaubenssatz
entwickeln

Angenommen, dein Glaubenssatz lautet:
»Ich muss anderen gegenüber nett sein, sonst
mag mich niemand.« Dann könnte ein bestär-
kender Glaubenssatz sein: »Ich darf so sein,
wie ich bin« oder »Ich bin liebenswert, so wie
ich bin«. Notiere dir ruhig mehrere Alternativen. Lies dir jeden Satz laut vor: Wie fühlt
es sich an? Wie wäre es, von nun ab mit dieser
Überzeugung durch dein Leben zu gehen?
Suche dir den Satz heraus, der am meisten
Power hat: Das ist dein neuer Glaubenssatz!

BELIEVE IN YOURSELF!

Tipps für bestärkende Glaubenssätze

→ Fasse dich kurz.

→ Verwende positive Formulierungen, also möglichst kein »nicht« oder andere negative Ausdrücke. Es sei denn, ein Satz wie »Ich muss gar nichts« passt für dich.

Den neuen Glaubenssatz in deinem Leben verankern

Auch wenn du dich entschieden hast, einen einschränkenden Glaubenssatz loszulassen, ist er damit nicht komplett aus deinem System verschwunden. Er wird möglicherweise in der nächsten Zeit noch einige Male auftauchen und in Konkurrenz zu dem neuen positiven Glaubenssatz treten. Deshalb ist es deine Aufgabe, den neuen Glaubenssatz so sehr zu stärken, dass der alte immer mehr an Wirkung verliert.

Deinen neuen Glaubenssatz integrieren

Hier einige Tipps, wie du den neuen Glaubenssatz in dir verankerst:

→ Schreibe dir den Glaubenssatz auf Karteikarten. Hab immer eine dabei, und lies dir den Glaubenssatz mehrmals am Tag vor. Damit du täglich daran denkst, verknüpfe das mit Routinetätigkeiten, etwa beim Zähneputzen und wenn du aus dem Haus gehst.

→ Sag dir den neuen Glaubenssatz wie ein Mantra beim Spazierengehen, beim Kochen und anderen Tätigkeiten immer wieder laut oder leise vor.

→ Schreib ihn auf Post-it-Zettel, die du in der Wohnung verteilst. Nutze ein solches Post-it als Lesezeichen in dem Buch, das du liest.

Bestärkende Glaubenssätze

Beantworte diese vier Fragen, wenn du die Übung auf S. 128/129 machst.

Wo schränkt mich der Glaubenssatz ein?

✳ ....

✳ ....

Was macht mich so sicher, dass er wirklich wahr ist?

✳ ....

✳ ....

✳ ....

Wie verhalte ich mich, weil ich das glaube?

✳ ....

✳ ....

Wer wäre ich ohne diesen Glaubenssatz?

✳ ....

✳ ....

.... MEINE NOTIZEN

So geht's weiter: Die nächsten Wochen beschäftigen wir uns mit den Themen Reisen und Mobilität. Denn wer sich um eine nachhaltige Lebensweise bemüht, hat beim Urlaubmachen oft ein schlechtes Gewissen — und das soll wirklich nicht sein!

So geht sanfter Urlaub

*Wer sich um eine nachhaltige Lebensweise bemüht, hat beim Urlaubmachen
oft ein schlechtes Gewissen. Der CO2-Ausstoß bei der An- und Abreise,
der Ressourcenverbrauch vor Ort, ein möglicher Eingriff in sensible Ökosysteme —
es gibt gute Gründe, nicht zu verreisen.
Hier erfährst du, wie du dennoch guten Gewissens Urlaub machen kannst.*

FERNWEH...

Buchen

Wie nachhaltig und umweltschonend dein
Urlaub wird, kannst du schon bei der Buchung
beeinflussen. Folgende Kriterien solltest du
bei der Wahl deines Reiseziels beachten:

→ Entfernung zum Urlaubsort: Je weiter
weg eine Destination ist, desto stärker belastet
die Reise dorthin die Umwelt.

→ Transportmittel: Wie gelangst du an
dein Wunschziel? Eine Bahnfahrt ist deutlich
umweltfreundlicher als ein Flug.

→ Gibt es Angebote für sanften Tourismus
oder Ökohotels, eventuell mit Nachhaltigkeits-
siegel?

→ Reisezeit: Die Nebensaison ist häufig nicht
nur billiger, sondern trägt durch bessere
Auslastung der Infrastruktur auch zum Umweltschutz bei.

Anreisen

Auch bei der Anreise kannst du eine Menge für
die Ökobilanz deines Urlaubs tun. Das beeinflusst du durch die richtige Wahl des Reiseziels
und des Transportmittels.
Zusätzlich empfehlen wir:

→ Vermeide Flugreisen, so gut es eben geht.

→ Reise bei Entfernungen unter 800 Kilometern möglichst mit Bahn, Bus oder Fahr-
gemeinschaft.

→ Spende bei Flug- oder langen Schiffs-
reisen für Klimaschutzprojekte, und passe
deine Aufenthaltsdauer der Entfernung an.
Dein Urlaub sollte mindestens eine Woche
dauern, bei Fernreisen besser zwei.

→ Nutze für den Weg zum Bahnhof, Flughafen
oder ins Hotel möglichst öffentliche Verkehrsmittel, Shuttleservices oder Sammeltaxis.

Tipp: CO₂-Emissionen ausgleichen

Jeder EU-Bürger verursacht pro Jahr im Durchschnitt neun Tonnen CO_2-Emissionen, die Deutschen liegen mit 11,5 Tonnen über dem Durchschnitt. Reisen fällt dabei besonders ins Gewicht. Eine Person im Reisebus produziert 32 Gramm CO_2 pro Kilometer, im Flugzeug 211 Gramm. Bei 1.600 Kilometer Flugreise nach Mallorca fallen samt Rückflug fast 0,7 Tonnen CO_2 an, bei einem Flug nach Australien schon über 10 Tonnen.[6]

Die für die Anreise anfallenden CO_2-Emissionen kannst du durch Unterstützung von Klimaschutzprojekten ausgleichen, die die gleiche Menge an CO_2 binden. Auf gemeinnützigen Websites wie www.atmosfair.de oder www.climatefair.de kannst den CO_2-Ausstoß deiner Reise und den notwendigen Ausgleich errechnen. Dann wählst du ein Nachhaltigkeitsprojekt und den Betrag aus, den du spenden möchtest, und überweist das Geld. Der Ausgleich ist allerdings umstritten: Dein CO_2-Anteil verschwindet dadurch nicht aus der Atmosphäre, und die geförderten Projekte wirken erst in der Zukunft. Aber es ist besser, als nichts zu tun.

Noch besser ist allerdings: Gar nicht mehr fliegen!

Vor Ort

Endlich bist du an deinem lang ersehnten Ziel angekommen. Dein Verhalten bestimmt, wie sehr dein Urlaub die Umwelt dort belastet:

→ Als Selbstversorger besorgst du dir am besten frische, regionale Lebensmittel auf dem Markt oder in lokalen Läden.

→ Auch am Urlaubsort sollte die Fortbewegung möglichst umweltschonend sein. Gehe zu Fuß, fahre Fahrrad oder nutze öffentliche Verkehrsmittel. Das dauert vielleicht länger, aber du bist im Urlaub und hast Zeit.

→ Achte bei Aktivitäten vor Ort darauf, dass keine sensiblen Ökosysteme wie zum Beispiel Meeresriffe oder hochalpine Landschaften zu Schaden kommen.

→ Kaufe Souvenirs und Mitbringsel direkt von lokalen Handwerkern oder Künstlern. So bestimmst du, wie viel sie tatsächlich an ihrer Arbeit verdienen.

→ Auch wenn die Einheimischen es mit der Mülltrennung und Abfallentsorgung vielleicht nicht so genau nehmen, solltest du das nicht nachmachen. Nimm Sondermüll wie leere Batterien wieder mit, und entsorge sie nach deiner Rückkehr, verwende Plastiktüten wieder, und wirf deinen Abfall in die Mülltonne.

→ Kaufe Trinkwasser in Kanistern statt in Plastikflaschen und in Mehrwegflaschen statt in Einwegflaschen.

Urlaubsziele
in deiner Nähe

Wohin soll's gehen?!

Es gibt viele schöne Urlaubsziele in Deutschland oder der Region.
Schau dich einmal um und schreibe hier auf, wo du als Nächstes hinreisen könntest.

✳ ....

✳ ....

✳ ....

✳ ....

✳ ....

✳ ....

✳ ....

✳ ....

MEINE
NOTIZEN

Miniabenteuer
im Alltag

*Viel zu häufig gehen wir — im wörtlichen und übertragenen Sinn — die Wege,
die wir immer gehen, und machen das, was wir immer machen.
Dabei warten abseits unserer ausgetretenen Pfade oft aufregende und
erfüllende Erlebnisse, die unseren Horizont erweitern können.*

GENUSS PUR

Abenteuerlust

Denkst du bei »Abenteuer« zuallererst an
gefährliche oder anstrengende Unternehm-
ungen in fernen Gegenden? Dann denke doch
mal »kleiner«. Kleine Abenteuer kannst du
überall erleben und ohne dich in Lebensgefahr
zu bringen. Wie wäre es mit einer Nacht unter
freiem Himmel? Oder mit einer Wanderung zu
einem Punkt auf der Karte, den du vorher blind
auswählst? Alastair Humphreys, von National
Geographic als »Adventurer of the Year 2012«
ausgezeichnet, hat den Aktivurlaub mit kleinen
Abenteuern unter dem Begriff »Microadventure« bekannt gemacht. Das Credo des Briten:
Um spannende Erlebnisse zu haben, muss
man weder um die halbe Welt fliegen, noch
braucht man eine aufwendige Ausrüstung.
Nach seiner Definition ist ein Microadventure
ein Abenteuer, »das klein und erreichbar ist
für normale Menschen mit echtem Leben«.
Es ist etwas, was du in deiner näheren Umgebung erleben kannst, ohne viel Geld ausgeben
zu müssen.

Was soll das bringen?

Ein solches Mikroabenteuer fordert dich heraus, die Grenzen deiner Komfortzone auszu-
reizen oder einmal bewusst über die Grenzen
zu gehen. Die Belohnung, die dir dafür winkt:
Adrenalinausstoß, Glücksgefühle, tiefe Befrie-
digung, die Angst überwunden zu haben —
vor allem aber Horizonterweiterung. Viele der
Mikroabenteuer, die Humphreys auf seiner
Website dokumentiert, hat er allein erlebt. Sie
eignen sich aber auch dafür, sie zusammen
mit einer anderen Person zu erleben. Nicht
wenige davon können ebenso wunderbare
Erlebnisse mit Kindern sein.

Inspiration

Hier sind einige Anregungen für Micro-
adventures:

◉ Fahre mit der Straßenbahn, der U- oder
S-Bahn bis zur Endstation, und erkunde
die Gegend dort oder laufe zu Fuß nach Hause.

◉ Mache einen Nachtspaziergang, und
beobachte die Sterne.

◉ Nimm dein Fahrrad, und versuche,
zwei Stunden lang immer genau in eine
Richtung zu fahren.

◉ Suche dir eine Woche lang jeden Tag
einen anderen Weg zur Arbeit.

◉ Probiere Geocaching aus.

◔ Steige auf den höchsten Berg in deiner Umgebung.

◔ Mache dich schlau, wo die Quelle des nächstgelegenen Flusses ist, und fahre dorthin.

◔ Nimm eine Karte deiner Umgebung, schließe die Augen, und zeige auf einen Punkt. Dann gehst du dorthin.

◔ Verwandle dein Frühstück in ein Picknick.

◔ Lege dich auf eine Wiese, und beobachte die Wolken.

◔ Mache einen Mondspaziergang im Wald.

◔ Übernachte draußen.

◔ Lass den Zufall entscheiden: Gehe einfach los, und lass an jeder Kreuzung eine Münze entscheiden, ob du nach links oder nach rechts gehst.

◔ Stehe früh auf, und beobachte den Sonnenaufgang von einem Berg in der näheren Umgebung.

◔ Mache eine Stadtführung in deiner Heimatstadt, oder erkunde sie, wie ein Tourist das tun würde.

◔ Gehe im Herbst zum Heidelbeer- oder Brombeerpflücken in den Wald.

◔ Wenn Schnee liegt: Mache eine Schneeschuhwanderung, oder gehe rodeln.

◔ Lerne, wie man Bäume, Pflanzen oder Vögel bestimmt, und teste dein Wissen in der freien Natur.

Mache einige der Mikroabenteuer zuerst allein und später mit einem Freund oder einer Freundin. Achte darauf, was dann anders für dich ist.

Link-Tipp:
Alastair Humphreys' Website:
www.alastairhumphreys.com

Bereit für ein Abenteuer?

Mach deinen Alltag zum Abenteuer!

Wie wäre es mit einer Nacht unter dem Sternenhimmel, einer Stadtführung in deiner eigenen Stadt oder einer Fahrradtour ins Ungewisse?

Sei diese Woche ein Abenteurer und probiere ein Microadventure aus. Auf welche Abenteuer hast du Lust?

✳ ....

✳ ....

✳ ....

✳ ....

✳ ....

✳ ....

Meine Erfahrungen

Was hast du erlebt? Was hat dir gutgetan?

✳ ....

✳ ....

✳ ....

✳ ....

MEINE NOTIZEN

Mobil sein ohne Auto

Mit dem Auto in der Stadt zu fahren ist meist kein Vergnügen: Ständig steht man im Stau oder muss am Ziel einige Runden drehen, um einen Parkplatz zu ergattern. Entspannter und oftmals sogar schneller ist man mit öffentlichen Verkehrsmitteln oder dem Rad unterwegs.

BITTE EINSTEIGEN!

Öfter aufs Rad steigen

Jeder zweite Weg, der mit dem Auto zurückgelegt wird, ist kürzer als sechs Kilometer. Doch gerade auf Kurzstrecken ist der Spritverbrauch stark erhöht (auf den ersten zwei Kilometern um ca. 50 Prozent). Allein die Kosten sprechen also dafür, insbesondere in der Stadt auf das Fahrrad umzusteigen. Es gibt aber noch mehr gute Gründe:

→ Gerade in der Stadt sind Parkplätze oft knapp. Die Parkplatzsuche im Auto ist stressig. Mit dem Fahrrad wird ein Zaun, eine Straßenlaterne oder ein beliebiger Pfosten zum Parkplatz—vom Fahrrad springen, Schloss einrasten lassen, fertig.

→ Morgens und abends, wenn die Menschen zur Arbeit bzw. zurück nach Hause fahren, steht man mit dem Auto zuverlässig im Stau. Mit dem Fahrrad kannst du den Stau einfach umfahren und genießt schneller dein gemütliches Abendessen.

→ Außerdem hilft die Bewegung, Stress abzubauen, während der zähe Feierabendverkehr den Stresspegel eher erhöht.

→ Auch die Benzin- und Dieselpreise können dir als Radfahrer egal sein. Du verbrennst bei der Fahrt keine fossilen Brennstoffe, sondern Kalorien.

→ Du hast eigentlich keine Zeit für Sport? Dann mache deinen Weg zur Arbeit zur Fitnesseinheit. Auch kürzere Wege zum Einkaufen oder zu Freunden werden mit dem Fahrrad zum leichten Training. Falls du dich nicht sportlich genug fühlst, fange mit kurzen Strecken an, und steigere dich langsam. Du wirst sehen, schon bald wirst du Kondition aufbauen!

→ Wenn du beim Radeln schnell aus der Puste kommst oder in einer bergigen Region wohnst, könnte ein E-Bike etwas für dich sein.

Bus und Bahn

Auf dem Land sieht es mit öffentlichem Nahverkehr oft heikel aus. In der Stadt dagegen kommt man mit Bus und Bahn meist schneller ans Ziel als mit dem Auto. Eine BahnCard, Monats- oder Jahreskarte kann sich auch finanziell schnell lohnen. Manchmal übernimmt sogar der Arbeitgeber die Kosten für ein Ticket, oder er beteiligt sich daran.

Carsharing und Mietwagen

Der ADAC fragte vor einigen Jahren deutsche Autofahrer nach ihrer Einschätzung, wie viel sie ihr Auto kostet: Sie nannten durchschnittlich nur etwa die Hälfte der tatsächlichen Kosten. Kaum jemand hält sich ehrlich vor Augen, was da mit Steuern und Versicherung, Pflege, Reparaturen und Wertverlust, Reifen, Benzin, Parkgebühren etc. zusammenkommt. Noch negativer wird die Bilanz, wenn man bedenkt, dass Autos im Schnitt nur 31 Minuten am Tag gefahren werden — den Rest der Zeit stehen sie herum. Wenn du nicht zu den Menschen gehörst, die täglich aufs Auto angewiesen sind, kannst du hier viel Geld sparen:

Organisiere Fahrgemeinschaften, melde dich bei einem Carsharingdienst an, oder miete ein Auto stundenweise oder für wenige Tage, wenn du es dringend brauchst. Für Wochenendtouren und längere Fahrten bietet sich ein Mietwagen an.

Tipp: Bewusst zu Fuß

Entschleunige dein Leben, nimm dir bewusst Zeit, und gehe zu Fuß. Du wirst sehen: Wenn man auf zwei oder vier Rädern vorbeirauscht, entgeht einem eine Menge. Zu Fuß kannst du genauer hinschauen und dir deiner Umgebung mit allen Sinnen bewusst werden.

Andere Fortbewegungs-
mittel nutzen

Immer unterwegs

Wenn du ein Auto besitzt, lass es diese Woche stehen, und nutze stattdessen öffentliche Verkehrsmittel. Wenn du das sowieso schon tust, probiere diese Woche aus, dich komplett mit dem Fahrrad
fortzubewegen.

Wie ging es dir dabei?

* ....

* ....

* ....

* ....

* ....

* ....

Einen positiven Glaubenssatz entwickeln

Vor einigen Wochen hast du begonnen, einen bestärkenden Glaubenssatz in dein Leben zu integrieren. Wie geht es dir inzwischen damit? Auf welche Weise wirkt sich der Glaubenssatz positiv auf dein Leben aus?

✳ ....

✳ ....

MEINE NOTIZEN

So geht's weiter: Die folgenden vier Wochen beschäftigen sich mit dem achtsamen Umgang mit sich selbst. Von Digital Detox über Tipps für einen erholsamen Schlaf bis hin zu einer bewussten Morgenroutine kannst du dich ganz dir und deinen Bedürfnissen widmen.

Was ist dir wichtig im Leben?

*Unsere Werte bestimmen (mit) darüber, wie wir uns verhalten und entscheiden.
Manchmal handeln wir allerdings nicht entsprechend unserer Werte —
und das führt zu inneren Konflikten, zu Unzufriedenheit und nicht selten
zu Selbstabwertung. Doch es geht auch anders.*

Werte

Werte sind Maßstäbe, Überzeugungen und Einstellungen zum Leben. Sie geben uns Orientierung und sind die Richtschnur, nach der wir unser Handeln ausrichten. Außerdem sind sie entscheidend für unsere Motivation: Wenn uns etwas wichtig ist, handeln wir entsprechend. Werte sind die Antwort auf Fragen wie:

→ Was ist mir in meinem Leben besonders wichtig?

→ Was motiviert mich?

→ Wofür lohnt es sich zu leben?

Werte werden häufig in Form von Hauptwörtern ausgedrückt, beispielsweise Ehrlichkeit, Freiheit, Unabhängigkeit, Sicherheit, Liebe, Respekt, Naturverbundenheit. Sie können aber auch die Form von Aussagesätzen oder Aufforderungen haben, etwa »Behandle andere so, wie du selbst behandelt werden willst«, »Ich esse nichts, das Augen hatte« oder »Wir haben die Erde von unseren Kindern nur geliehen. Es ist unsere Aufgabe, sie zu bewahren.«

Wertekonflikte und persönliche Integrität

Unsere eigenen Werte kollidieren aber oft mit den Werten und Anforderungen unserer Umgebung: Dir ist ein nachhaltiges Leben wichtig, du arbeitest aber für ein Unternehmen, das viel Plastikmüll produziert—dann wirst du entweder tagtäglich mit dem inneren Widerspruch leben oder eine Entscheidung treffen müssen. Gar nicht so selten haben wir es uns in unserem Leben so eingerichtet, dass wir nicht mehr nach allen unserer Werte leben. Weil es so bequemer ist, weil wir eine Entscheidung scheuen, vielleicht auch, weil wir gar nicht mehr darüber nachdenken wollen. Auch wenn das vielleicht wie der leichtere Weg aussieht: Das kostet viel Energie, weil wir ständig wegschauen und die inneren Widersprüche aushalten oder uns in die eigene Tasche lügen »müssen«.

FOCUS
BECOMES
REALITY

Konflikte zwischen Werten

Das beschriebene Phänomen hat auch damit zu tun, dass manche unserer Werte miteinander in Konflikt stehen. Das könnte zum Beispiel sein: »Ich will meinen Kindern eine lebenswerte Welt hinterlassen« vs. »Ich arbeite hart und will mein Leben in vollen Zügen genießen«.

Wie sieht es mit deinen Werten aus?

1. Notiere dir auf einem separaten Blatt Papier alle Werte, die dir wichtig sind.

2. Gehe die Liste durch, und unterstreiche die fünf, die für dich am wichtigsten sind. Wenn du kannst, finde eine Reihenfolge für diese fünf. Halte diese auf der nächsten Doppelseite fest.

3. Reflektiere eine Woche lang abends: Welche Werte aus der Liste spiegeln sich in deinem Verhalten wider? Markiere mit roter Farbe die fünf, die im Lauf der Woche am häufigsten dein Handeln bestimmen. Falls ein Wert auftaucht, der noch nicht auf der Liste steht, füge ihn hinzu.

4. Vergleiche am Ende der Woche die unterstrichenen Werte mit den rot markierten. Hast du diese Woche andere Werte gelebt als die, die dir wichtig sind?

5. Welche der unterstrichenen Werte haben diese Woche gar keinen Raum in deinem Leben bekommen? Überprüfe für dich, ob dir diese vernachlässigten Werte wirklich wichtig sind. Wenn ja: Was kannst du ganz konkret tun, um diese Werte stärker zu leben?

6. Übertrage deine Erkenntnisse auf die folgenden beiden Seiten dieses Journals.

Meine wichtigsten Werte

Das ist mir wichtig
Notiere hier deine wichtigsten Werte.

1. ....

2. ....

3. ....

4. ....

5. ....

Mehr Raum für meine Werte
Welchen deiner Werte willst du mehr Raum in deinem Leben geben?

✳ ....

✳ ....

✳ ....

Integrität: nach meinen Werten leben

Wie kannst du deine Werte stärker leben?

✷ ....

✷ ....

✷ ....

MEINE NOTIZEN

Digital Detox:
bewusst offline gehen

Durch Smartphone, Laptop und Tablet sind wir ständig erreichbar, informiert —
und meistens gestresst. »Digital Detox« soll uns vom Digitalen entgiften
und Stress reduzieren.

**ERST AUS-,
DANN
ABSCHALTEN**

Die Angst, etwas zu verpassen

Wenn wir etwas wissen wollen, fragen wir Google. Zum Essen verabreden wir uns über WhatsApp. Musik und Filme streamen wir online. Und ist der Akku vom Smartphone leer, bekommen wir eine Panikattacke, schließlich könnten wir ja etwas Wichtiges verpassen. Das alles erzeugt Stress und macht uns unruhig. Es gibt einen Namen dafür, warum wir ständig am Bildschirm hängen: FOMO, ausgeschrieben »Fear Of Missing Out«, also die Angst, etwas zu verpassen. Sie lässt uns in jeder freien Sekunde auf das Mobiltelefon starren. Wir sind so auf das Klingeln, Summen und Blinken unseres Smartphones konditioniert, dass wir auch zum Mobilgerät greifen, wenn gerade nichts passiert. Die Reizüberflutung mit ständiger Information, Texten, Bildern und Videos überfordert uns derart, dass wir dauernd gestresst und gedanklich immer woanders sind. Gegen die digitale Sucht und den Stress, den sie erzeugt, helfen die folgenden Tipps:

Das Schlafzimmer als gerätefreie Zone

So gemütlich das auch ist, im Bett fernzusehen, im Web zu surfen oder YouTube-Videos zu schauen: Deine digitalen Geräte solltest du aus dem Schlafzimmer verbannen. Studien zeigen, dass der Schlaf weniger erholsam ist, wenn man die Geräte vor dem Schlafen nutzt oder sie nachts blinken. Wenn du den Wecker des Smartphones nutzt, solltest du auf einen analogen Wecker umsteigen. So verhinderst du, dass sich dein Smartphone doch wieder ins Schlafzimmer einschleicht und dass du die ersten Minuten deines Morgens online verbringst. Gewöhne dir stattdessen eine Smartphone-freie Morgenroutine an.

Bewusste Zeiten

Es ist schon ganz praktisch, dass wir jederzeit erreichbar sind. Gleichzeitig fühlen wir uns dadurch verpflichtet, sofort auf E-Mails und Nachrichten zu reagieren. Und wir schauen ständig nach, ob neue Nachrichten angekommen sind. Statt dem nachzugeben, nimm dir bewusst Zeit, E-Mails, Instagram- und Messenger-Nachrichten zu beantworten. Und mach Freunden und der Familie klar, dass sie dich, wenn etwas wirklich Wichtiges

passiert ist, telefonisch erreichen können und nicht über WhatsApp und Co. Erledige außerdem die Dinge, die du online machen musst, alle auf einmal. So verbringst du bewusst Zeit mit deinen Geräten—aber auch bewusst Zeit ohne. Schreibe die Sachen, die du im Web nachschauen möchtest, lieber auf, und erledige sie dann alle in einem Rutsch.

Ganz ausschalten

Digitale Geräte sind mittlerweile so konzipiert, dass sie im Stand-by-Modus kaum Akku- kapazität verbrauchen. Statt sie abzuschalten, lassen wir sie den ganzen Tag über im Stand-by laufen. Doch beim digitalen Detox gilt: Wenn du deine Erledigungen am Notebook gemacht hast, fahre ihn herunter und schalte ihn ab. Die Überwindung, ihn neu anzuschalten, ist dann größer, denn es dauert schließlich länger, und man fragt sich zweimal, ob man das Gerät nun wirklich braucht.

Ohne Smartphone aus dem Haus gehen

Wenn du mit der Familie spazieren gehst, dich mit Freunden triffst, morgens einkaufen oder abends joggen gehst, dann lass dein Smartphone zu Hause. Wenn du es nicht bei dir hast, kannst du auch nicht drauf schauen. Das fühlt sich erst einmal sehr ungewohnt an—aber irgendwann dann auch befreiend.

Offline-Tage einlegen

Nimm dir bewusst regelmäßig einen Tag digital- frei, am besten am Wochenende, und bleibe dann offline. Verbringe den Tag mit Freunden und Familie, lies ein Buch, gehe raus in die Natur oder zum Sport, entspanne in der Bade- wanne.

Mein digitales Verhalten

Ohne mein Handy geht gar nichts ... oder doch?
Analysiere diese Woche dein Verhalten mit digitalen Geräten.

Wie oft greifst du am Tag zum Smartphone?

* ....

Wie lange läuft dein PC/Tablet an einem regulären Tag?

* ....

Wie lange arbeitest du am Tag am PC?

* ....

Wie lange nutzt du ihn privat?

* ....

Wie lange schaust du am Tag fern?

* ....

Wie oft schaust du auf deine Smartwatch?

* ....

Wie lange liest du auf dem E-Reader?

* ....

Wie oft am Tag sprichst du deine Sprachassistenz an?

* ....

Auf was möchtest du als Erstes verzichten?

✳ ....

Auf was möchtest du lieber gar nicht verzichten — und warum?

✳ ....

✳ ....

MEINE
NOTIZEN

So hast du einen gesunden Schlaf

Erholsamer Schlaf ist so wichtig wie richtige Ernährung oder ausreichende Bewegung. Dabei gibt es einiges zu beachten—und vieles, was dir hilft, besser zu schlafen.

SCHLAF SCHÖN!

Fester Schlafrhythmus

Schlafforscher empfehlen, möglichst jeden Abend zur selben Zeit schlafen zu gehen und jeden Morgen zur selben Zeit aufzustehen. Auch am Wochenende sollte man maximal 30 Minuten von diesen Zeiten abweichen. Das klingt wenig praktikabel, hat sich in Laborversuchen aber als erstaunlich effektiv herausgestellt. Unsere innere Uhr sorgt dann dafür, dass wir ganz von alleine abends müde werden und morgens ausgeruht aufwachen.

Frische Luft

Bevor du schlafen gehst, kannst du noch einen kleinen Abendspaziergang machen. Auf anstrengenden Sport solltest du aber verzichten, da Sport eher anregend wirkt und du noch länger brauchen wirst, um zur Ruhe zu kommen. Bring die frische Luft auch in dein Schlafzimmer, und lüfte kurz vor dem Schlafengehen noch einmal durch.

Leichte Abendmahlzeit

Mit vollem Magen schläft es sich schlecht, weil der Körper dann mit der Verdauung beschäftigt ist. Deine Abendroutine sollte dafür sorgen, dass du mindestens zwei Stunden vor dem Zubettgehen nichts mehr isst— oder nur leichte Kost. Denn wenn der Magen noch arbeitet, kannst du schlechter einschlafen.

Kein Koffein, Alkohol oder Nikotin vor dem Schlafen

Koffein macht beim Einschlafen Schwierigkeiten, der Schlaf ist dann meist nur leicht und kurz. Du solltest Kaffee schon ab dem frühen Nachmittag meiden, denn es kann bis zu zehn Stunden dauern, bis das Koffein abgebaut ist. Alkohol macht dagegen müde und lässt uns schneller einschlafen. Besser schlafen wir durch ihn aber nicht. Regelmäßiger Alkoholkonsum verursacht auf Dauer sogar echte Schlafstörungen. Auch Nikotin macht wach. Noch Stunden nach der letzten Zigarette stört es den Schlafrhythmus. Langfristig schläft fast jeder dritte Raucher regelmäßig schlecht. Ein Grund ist dabei, dass nachts der Nikotinspiegel sinkt.

Pflanzen im Schlafzimmer

Pflanzen können die Luftqualität fördern, indem sie Schadstoffe filtern, Sauerstoff produzieren und die Luftfeuchtigkeit erhöhen. Geeignet sind Pflanzen, die auch nachts CO_2 in Sauerstoff umwandeln—zum Beispiel Aloe Vera oder Sansevieria (Bogenhanf). Nicht geeignet sind stark duftende oder blühende Pflanzen, da sie Kopfschmerzen verursachen und den Schlaf stören können. In trockenen Räumen können Pflanzen das Raumklima verbessern, indem sie die Luftfeuchtigkeit erhöhen. Falls du aber bei dir zu Hause mit zu hoher Luftfeuchtigkeit oder gar Schimmel zu kämpfen hast, solltest du nicht zu viele Pflanzen halten, um das Problem nicht zu verschlimmern.

Auf Handy und Laptop verzichten

Zu einer schlaffördernden Abendroutine gehört, zumindest zwei Stunden bevor du schlafen gehst, auf Handy und Laptop zu verzichten. Die blauen Wellenlängen des Lichts aus Leuchtdioden, mit denen Laptop und Handy ihre Helligkeit erzeugen, halten uns wach.

Atem- und Entspannungsübungen

Wissenschaftliche Studien zeigen: Langsames, kontrolliertes Atmen senkt den Herzschlag und Blutdruck und beruhigt so den ganzen Körper. Auch Meditationen und Entspannungsübungen können beim Einschlafen helfen.

Zur Not: natürliche Schlafmittel

Ausreichend belegt ist die Wirkung natürlicher Schlafmittel wie Baldrian nicht. Es gibt aber Hinweise darauf, dass Baldrian den Schlaf tatsächlich fördern kann. Anders als synthetische Schlafmittel sorgt Baldrian für einen natürlichen Schlaf, ist somit körperlich unbedenklich. Doch auch bei natürlichen Schlafmitteln besteht das Risiko einer zumindest psychischen Abhängigkeit. Also: nicht übertreiben.

Tipp: Aufstehen statt umherwälzen

Wenn du einfach nicht schlafen kannst, dann steh noch einmal auf und geh einer ruhigen Tätigkeit nach. Weiter schlafsuchend im Bett zu liegen stresst nur noch mehr. Setz dich in einen Sessel und lies ein Buch—möglichst keinen Krimi und auch nicht in grellem Licht. Sobald du müde wirst, leg dich wieder ins Bett.

Digital Detox

Zeit offline ist Zeit für mich

Nimm dir diese Woche bewusst Zeit ohne deine digitalen Geräte.
Was könntest du in dieser Offlinezeit tun?

✱ ....

✱ ....

✱ ....

✱ ....

✱ ....

✱ ....

Wie hast du dich während und nach deiner Offlinezeit gefühlt?

✳ ....

✳ ....

✳ ....

MEINE
NOTIZEN

Fit am Morgen

Wer seinen Morgen bewusst gestaltet, stellt die Weichen für einen guten Tag. Eine Morgenroutine kann dir dabei helfen. Auch kurz gehalten, sorgt sie für mehr Konzentration, Energie und Fröhlichkeit.

Guten Morgen!

Du drückst nach dem Weckerklingeln mehrmals die Snooze-Taste, springst verschlafen unter die Dusche und trinkst den Kaffee auf dem Weg zur Arbeit? Du kannst deinen Start in den Tag auch entspannter gestalten. Mit einem bewussten und stressfreien Morgen kommst du außerdem effektiver durch den Tag. Und das wiederum verbessert deine Lebensqualität. Dabei funktioniert nicht für jeden das Gleiche. Such dir aus den Anregungen die für dich passenden heraus — oder finde eigene Ideen.

Genügend Schlaf

Eine erfolgreiche Morgenroutine beginnt schon damit, ausreichend Schlaf zu bekommen. Ein erwachsener Mensch braucht zwischen sieben und neun Stunden Schlaf, um produktiv sein zu können. Probiere aus, wie viel du brauchst, damit du am nächsten Tag fit bist, und gehe entsprechend früh schlafen. Viele Ratgeber empfehlen, möglichst früh aufzustehen, um den frischen Tag und die Ruhe zu nutzen. Das ist allerdings nur dann sinnvoll, wenn deine innere Uhr entsprechend tickt. Schlafforscher unterscheiden zwischen zwei Schlaftypen: »Lerchen« sind typische Früh-aufsteher, »Eulen« sind Spät-ins-Bett-Geher, die dann auch entsprechend später aufstehen. Bist du eine Lerche oder eine Eule?

Snoozen ist verlockend — aber kontraproduktiv

Gewöhne dir ab, die Snooze-Funktion deines Weckers zu benutzen. Wer einmal drückt, der drückt erfahrungsgemäß noch ein paarmal. Beginne stattdessen nach dem ersten Klingeln damit, dich ausgiebig zu strecken, und steige dann mit einer bewussten Entscheidung aus dem Bett.

Bleibe offline

Lass dein Smartphone, deinen Computer, Fernseher und Radio erst einmal ausgeschaltet. Bei deiner Morgenroutine soll es schließlich nur um dich gehen, da lenken Angebote wie WhatsApp, Instagram und Co. ab. Es hilft, schon am Abend den Flugmodus am Smartphone ein- oder das Gerät einfach ganz auszuschalten.

Bevor du etwas zu dir nimmst: Zähne putzen

Putz dir die Zähne, bevor du etwas isst oder trinkst. Der traditionellen indischen Heilmethode Ayurveda zufolge befreit sich der Körper über Nacht von Giftstoffen, die er über den Mund abtransportiert. Wenn du gleich nach dem Aufstehen zur Kaffeekanne greifst, spülst du diese Giftstoffe direkt wieder in den Körper zurück. Eine weitere ayurvedische Entgiftungsmethode ist das Ölziehen. Dafür bewegst du Pflanzenöl (ca. 1 Esslöffel) für etwa 20 Minuten im Mund umher und spuckst es danach aus. Ein angenehmer Nebeneffekt sollen weißere Zähne sein. Ob Ölziehen tatsächlich Zähne aufhellt, ist allerdings nicht belegt. Anders als die anderen Hausmittel zum Zähnebleichen schadet diese Methode deinen Zähnen aber auch nicht — einen Versuch ist es also wert.

Wasser trinken

Trink am Morgen ein großes Glas Wasser. Während des Schlafs dehydriert dein Körper und braucht Nachschub an Flüssigkeit. Eine ordentliche Portion Wasser macht deinen Körper wach und fit.

Licht macht wach

Unser Körper kann so einiges: zum Beispiel erkennen, wann es Tag und Nacht ist. Wären da nicht Vorhänge, Rollladen, Lampen und Bildschirme. Im Dunkeln wird das Schlafhormon Melatonin ausgeschüttet, das uns müde macht.

Öffne deswegen unmittelbar nach dem Aufstehen alle Vorhänge und Rollos, und lass Licht ins Zimmer. Wenn es morgens draußen noch dunkel ist, kann eine Tageslichtlampe oder ein Lichtwecker Abhilfe schaffen.

Schaffe dir eine schöne Umgebung

Bei vielen Menschen wirkt sich die unmittelbare Umgebung auf ihr Innenleben aus. Sorge deshalb dafür, dass deine Schlafumgebung ordentlich ist und du dich in ihr wohlfühlst. Das beruhigt dich während deiner Morgenroutine, und du vermeidest so Reize und negative Gedanken.

Suche die Stille

Nimm dir mindestens fünf Minuten Zeit, um eine der Achtsamkeitsübungen (siehe S. 40/41) zu praktizieren, zu meditieren, Yogaübungen zu machen oder einfach nur, um deine Gedanken zu beobachten. So schärfst du dein Bewusstsein für den anstehenden Tag.

Nimm dir Zeit

Vielen Menschen hilft Sport, um fit in den Tag zu starten. Dazu reichen auch schon 20 Minuten Yoga, Jogging oder ein paar Dehnübungen. Stattdessen kannst du dir ebenso bewusst eine halbe Stunde Zeit für die Dinge nehmen, die sonst zu kurz kommen, und ein inspirierendes Buch lesen oder den Fokus für diesen Tag notieren.

MEINE WOCHE

Meine Gedanken
am Morgen

Morgenmuffel? Nicht doch!
Mit welchen Gefühlen und Gedanken wachst du an einem normalen Arbeitstag auf?

✳ ....

✳ ....

✳ ....

Und am Wochenende?

✳ ....

✳ ....

✳ ....

✳ ....

Motivierende Sätze fürs Aufstehen

Schreibe hier drei bis fünf Sätze auf, die du dir nach dem Aufwachen für einen guten Start in den Tag sagen könntest.

✷ ....

✷ ....

✷ ....

MEINE NOTIZEN

Dein grünes Büro

Klimaschutz endet nicht an der eigenen Haustüre —
auch im Büro kannst du auf Umwelt- und Sozialverträglichkeit setzen.
Mit diesen einfachen Tricks gestaltest du deinen Büroalltag nachhaltiger.

Papier bewusst verwenden

Beim Papier kannst du schon viel richtig
machen: Überlege vor dem Ausdrucken, ob du
die Dokumente wirklich physisch brauchst,
benutze die Rückseite von bedrucktem Papier
für deine Notizen, und verwende Klebezettel
und Haftnotizen mehrmals. Wenn du dann
noch im Büro Blauer-Engel-zertifiziertes Recyclingpapier einführst, ist alles im grünen
Bereich!

Weniger Datenmüll

Über die Jahre häufen sich eine Menge Daten
auf deinem Rechner an, die Strom fressen.
Räume regelmäßig dein E-Mail-Postfach und
deine Festplatte auf, so umgehst du unnötigen
Datenmüll. Lösche E-Mails, die du nicht mehr
brauchst, und bestelle Newsletter und Abos
wieder ab, wenn du sie nicht regelmäßig liest.

Link-Tipp:

Shops für nachhaltigen Bürobedarf findest du
auf www.utopia.de/bestenlisten.

Grün surfen

Auch bei deiner Suchmaschine kannst du auf
eine nachhaltige Alternative umsteigen:
Bei www.ecosia.org kannst du mit jeder Sucheingabe Baumpflanzprojekte unterstützen.
In deinem Browser wird dir dabei angezeigt,
wie viele Bäume durch dich schon gepflanzt
werden konnten. Aber Achtung: Jede Suchanfrage verursacht CO_2. Gib Websites, die du
kennst, deshalb direkt in die Adresszeile des
Browsers ein und nicht noch einmal extra in
eine Suchmaschine.

Weniger wegwerfen

Viele Dinge werden im Büro gedankenlos weggeworfen. Dabei geht es nicht nur um Papier,
auch Möbel müssen nicht gleich zum Wertstoffhof. Man kann sie Organisationen spenden:
Oxfam beispielsweise freut sich auch über gespendete Office-Gegenstände. Noch funktionstüchtige Elektrogeräte wie Notebooks, Drucker
und Telefone kannst du an soziale Einrichtungen
in der Nähe spenden. Abnehmer findest du
über die Website www.wohindamit.org: Hier
wählst du aus, was du abgeben willst, trägst die
Postleitzahl ein und lässt dir auf einer Landkarte
interessierte Einrichtungen mitsamt Kontaktadresse und Öffnungszeiten anzeigen.

Topfpflanzen anschaffen

Ein paar Pflanzen machen das Büro nicht nur freundlicher, sondern helfen auch, die Luftfeuchtigkeit zu regulieren. Besonders viel Feuchtigkeit spenden Papyrus-, Farn- und Ficuspflanzen, Drachenbaum, Efeu, Gummibaum, Birkenfeige, Zyperngras, Einblatt und Zimmerlinde. Optimal für das Raumklima im Büro ist ein Luftfeuchtigkeitswert von 40 bis 60 Prozent.

Schonend Hände waschen

Sicherlich achtest du zu Hause darauf, welche Handseife und welches Toilettenpapier du verwendest. Warum eigentlich nicht im Büro? Anstatt billiger Seifen voller synthetischer Stoffe und Toilettenpapier aus abgeholzten Wäldern solltet ihr auch im Büro auf hautfreundliche Naturseifen und Recyclingklopapier achten.

Klimafreundlicher reisen

Wer beruflich viel unterwegs ist, hinterlässt unter Umständen einen ziemlich großen ökologischen Fußabdruck. Klar ist: Bahn und Bus sind um ein Vielfaches umweltfreundlicher als PKW oder Flugzeug. Innerhalb von Deutschland und dem angrenzenden Ausland sollten Flugreisen tabu sein. Wenn es aber gar nicht anders geht, solltest du bzw. dein Arbeitgeber zumindest die verursachten CO_2-Emissionen kompensieren. Anbieter für den CO_2-Ausgleich investieren das Geld dann in Projekte, die das Klima schützen.

Schlau Strom sparen

Ohne Strom geht nichts: Achte daher aktiv auf den Stromverbrauch, und rege den Kauf von Ein/Aus-Schaltern für Stand-by-Geräte an, die nachts keiner braucht. Schalte deinen Computer oder zumindest den Monitor in der Mittagspause aus, und lass im Büro und in den Toiletten nicht unnötig das Licht brennen. Noch besser wäre es natürlich, wenn die Firma auf Ökostrom umsteigt — rege das doch mal bei der Geschäftsführung an!

Mein grünes Büro

Das gehe ich an

Gehe in Gedanken durch dein Büro bzw. dein Unternehmen.
Welche Maßnahmen könntest du angehen, um es grüner zu gestalten?

✳ ....

✳ ....

✳ ....

✳ ....

✳ ....

✳ ....

Auf welche Dinge könntest du die Firmenleitung ansprechen?

✶ ....

✶ ....

✶ ....

MEINE NOTIZEN

Selbstakzeptanz:
Mit dir im Reinen sein

Nachhaltigkeit setzt sich aus drei Komponenten zusammen:
der Ökologie, der Ökonomie und dem Sozialen. Zur sozialen Nachhaltigkeit zählt
der achtsame Umgang mit deinen Mitmenschen, aber auch die Haltung
dir selbst gegenüber. Wie aber geht das, sich selbst so zu akzeptieren, wie man ist?

Sich selbst annehmen

Philosophen der Antike und Psychologen der Moderne sind sich einig: »Wenn ich mich so akzeptiere, wie ich bin, dann verändere ich mich«, so der Psychologe und Psychotherapeut Carl Rogers.[7] Oder in den Worten des Gestalttherapeuten Arnold Beisser: »Veränderung geschieht, wenn jemand wird, was er ist, nicht wenn er versucht, etwas zu werden, das er nicht ist.«[8] Wenn wir lernen, uns so anzunehmen, wie wir sind — mit all unseren Schwächen und Fehlern —, dann setzt heilsame Veränderung ein. Dann sind wir innerlich frei, uns so zu verhalten, wie es uns guttut.

Wenn es so einfach wäre

Dafür gibt es leider keinen Schalter, den man so leicht umlegen könnte. Es ist nun einmal keine Frage der Entscheidung: »Ich akzeptiere mich so, wie ich bin.« Das reicht nicht. Die Bereitschaft, sich selbst schätzen zu lernen und sich auf die folgende Übung einzulassen, ist aber schon ein Schritt in die richtige Richtung.

Die Übung: Sag Ja zu dir

Wie geht es dir, wenn du bis hierher gelesen hast? Welche Gefühle zeigen sich? Ist es dir möglich, diese Gefühle zuzulassen? Oder ist einfach nur Verwirrung da? Oder auch kein Gefühl?

Kannst du Ja sagen zu dem, was gerade ist?
Ist es dir möglich, zu sagen: *Ja, ich bin gestresst, genervt, aufgeregt, unsicher …?*
Versuche, diese Gefühle öfter zuzulassen und Ja zu dir zu sagen. Wenn du müde in den Spiegel schaust, wenn du nervös auf einen Anruf wartest, wenn du genervt oder aufgeregt bist. Wenn du dich zu groß, zu klein, zu dick, zu schüchtern oder zu ängstlich fühlst.

Ja, das ist gerade so. So fühle ich mich gerade.
Und ich kann Ja zu mir sagen.
Ja, ich bin ungeduldig, ich fühle mich gerade unsicher, ich weiß nicht, was das soll. Und ich sage Ja zu mir.
Ich finde diese Übung bescheuert. Ich mache sie trotzdem. Ich sage Ja zu dieser bescheuerten Übung. Ich sage Ja zu mir.

Wieder und wieder

Mach die Übung in dieser Woche jeden Tag einige Minuten lang. Mach sie ganz bewusst: *Ich sage Ja zu mir. Egal, was passiert. Egal, wie ich mich fühle. Egal, wie beschissen ich das finde. Egal, wie unvollkommen, wie ängstlich, wie … ich bin.*

Das wird zuerst ungewohnt sein und wird sich komisch anfühlen. Aber du wirst mit der Zeit merken, dass sich etwas verändert. Du wirst dich weniger ungeschickt, weniger fremd, weniger unsicher fühlen. Mit jedem Ja wirst du näher zu dir kommen. Und irgendwann stellt sich das Gefühl ein: »Ich bin ganz in Ordnung, so wie ich bin.«

Innere Widerstände

Wenn du die Übung ernsthaft machst, werden sich auch innere Widerstände melden. Typischerweise in Form einer inneren Stimme, die nicht Ja sagen will, die den Sinn und Zweck der Übung infrage stellt, die irgendetwas Negatives sagt. Auch das ist in Ordnung. Sag auch Ja zu dieser Stimme. Denn auch sie ist ein Teil von dir. Das Ja heißt nicht, dass du dir die Botschaft der Stimme zu eigen machst. Wenn du sie akzeptierst, wird die Stimme leiser werden und irgendwann aufhören.

Anerkennen, was ist

Die Quintessenz dieser Übung ist anzuerkennen, was ist, und es anzunehmen: nichts verändern wollen, sondern es so nehmen, wie es ist.

Selbstakzeptanz

Dein Ich im Vordergrund

In welchen Lebensbereichen und für welche Teile deiner Persönlichkeit willst du dir selbst mehr Akzeptanz schenken?

* ....

* ....

* ....

* ....

* ....

* ....

* ....

Ja zu mir

Probiere diese Woche immer mal wieder aus, wie es ist, bedingungslos Ja zu dir zu sagen.
Wie ging es dir damit?

✱ ....

✱ ....

✱ ....

MEINE NOTIZEN

So geht's weiter: Der folgende Themenblock widmet sich deiner Gesundheit. Zunächst wird es
darum gehen, wie du deine Abwehrkräfte für die Erkältungs- und Grippezeit stärken kannst.
Wenn es dich trotzdem erwischt hat, lernst du in den kommenden Wochen praktische Hausmittel,
die bei Erkältungsbeschwerden helfen, sowie die Heilkraft von verschiedenen Kräutertees kennen.

Deine Abwehrkräfte stärken

Wer gesund durch die Erkältungs- und Grippesaison kommen will,
muss sein Immunsystem stärken. Diese Lebensmittel helfen dir dabei.

Zitrone

Wegen ihres hohen Vitamin-C-Gehalts (25 mg pro 100 ml) ist die Zitrone ein wirksames Mittel, um das Immunsystem zu stärken und einer Erkältung oder Grippe vorzubeugen. Doch aufgepasst: Vitamin C ist hitzeempfindlich und zudem wasserlöslich. Es zersetzt sich zwar erst bei etwa 190 Grad, beim Kochen nimmt der Gehalt aber um 30 bis 40 Prozent ab. Frische Zitrone in lauwarmem Wasser beugt also besser gegen Erkältung und Grippe vor als heiße Zitrone.

Sanddorn

Auch Sanddorn enthält viel Vitamin C sowie viele weitere heilsame Inhaltsstoffe. Die Pflanze stärkt nicht nur dein Immunsystem, sondern ist auch gut für die Augen (Beta-Carotin) und beugt Magnesium-, Eisen- und Vitamin B12-Mangel vor, wovon Vegetarier und Veganer häufig betroffen sind. Sanddorn kannst du in Form von Sanddornöl oder -saft zu dir nehmen.

Ingwer

Was die Inhaltsstoffe anbelangt, unschlagbar: Ingwer enthält viel Vitamin C, ätherische Öle und einige weitere gesunde Wirkstoffe. Die Wurzel hemmt die Vermehrung von Viren, regt die Durchblutung und den Kreislauf an und kann uns vor Erkältung und Grippe bewahren.

Kurkuma

Kurkuma enthält den Farbstoff Curcumin: Er wirkt entzündungshemmend, immunstärkend und soll sogar gegen Krebs vorbeugen. Bei uns ist Kurkuma vor allem als Gewürz bekannt und seit einiger Zeit auch als Bestandteil des Trendgetränks »Goldene Milch«, das sich bestens eignet, um Grippe, Erkältung und anderen Infekten vorzubeugen.
Für ein Glas brauchst du folgende Zutaten:
- 300 ml Pflanzenmilch
- ein Stück Kurkuma (ca. 2 bis 3 cm groß) oder 1 EL Kurkumapulver
- ein Stück Ingwer (ca. 2 cm groß; je mehr du verwendest, desto schärfer wird das Getränk)
- ¼ TL frisch gemahlener schwarzer Pfeffer
- ¼ TL Zimt
- ½ TL Kokosöl
- eine Prise frisch gemahlene Muskatnuss
- Datteln oder 1 TL Agavendicksaft zum Süßen

Zubereitung:
1. Gib die Zutaten in einen Mixer, und mixe alles durch, bis eine feine Konsistenz entsteht.
2. Wenn die Konsistenz nicht fein genug wird, gib die Kurkumamilch durch ein feines Sieb.

INNERE STÄRKE

Zwiebel

Die Zwiebel wird schon seit Jahrhunderten als natürliches Hausmittel gegen Insektenstiche, Hals- und Ohrenschmerzen verwendet. Sie wirkt entzündungshemmend, keimabtötend, antibakteriell und schmerzlindernd. Am besten profitierst du von den gesunden Inhaltsstoffen, wenn du die Zwiebel roh isst. Wer sich bereits mit einer Grippe oder Erkältung angesteckt hat, dem hilft ein Hustensaft aus Zwiebeln und Honig:

1. Schäle eine Zwiebel, schneide sie klein, gib die Stücke in ein Glas oder eine Tasse.

2. Gieße 2 Esslöffel flüssigen Honig darüber. Für die vegane Variante eignen sich stattdessen auch Zucker oder andere vegane Honigalternativen.

3. Lasse das Ganze für mehrere Stunden oder am besten über Nacht ziehen.

4. Gieße dann die entstandene Flüssigkeit ab. Fertig ist dein selbstgemachter Hustensirup, den du auf einem Löffel mehrmals täglich zu dir nimmst.

Knoblauch

Bekanntlich kann Knoblauch bei übermäßigem Verzehr etwas unangenehm werden—übler Mundgeruch ist die Folge. Wer eine Erkältung oder Grippe vermeiden will, nimmt das aber sicher gerne in Kauf: Die Knolle enthält viel Vitamin C, wirkt antibakteriell und unter anderem gegen Viren und Pilze.

Hagebutte

Was den Vitamin-C-Gehalt angeht, ist die Hagebutte Spitzenreiter, denn sie enthält 20-mal mehr Vitamin C wie die Zitrone. Optimal also, um das Immunsystem zu stärken. Am besten schmecken Hagebutten als Tee, der aus ihren Schalen zubereitet wird. Gieße dafür auf etwa 2 Teelöffel getrocknete Hagebuttenschalen 250 ml heißes Wasser und lasse den Tee für 10 Minuten ziehen. Um von der größtmöglichen Gesundheitswirkung von Hagebuttentee zu profitieren, solltest du den Tee regelmäßig über einen längeren Zeitraum trinken. So kannst du dein Immunsystem nachhaltig stärken.

Chili und Co.

Um das Immunsystem zu stärken, sind besonders Paprikagewächse hilfreich: In Chili, Peperoni und Gemüsepaprika ist Capsaicin enthalten, das antibakteriell wirkt. Ebenfalls hilfreich gegen Erkältung sind Meerrettich, Senf und Wasabi. Sie schärfen durch ihre Senfölglycoside, die entzündungshemmend wirken. Die enthaltenen ätherischen Öle befreien die Atemwege.

Wasser

Ausreichend trinken stärkt dein Immunsystem ebenfalls. Dabei greifst du am besten zu Wasser oder Tee—sie helfen unserem Körper dabei, krank machende Giftstoffe auszuscheiden.

Frische Luft
erweckt die Lebensgeister

Mach dir Luft!
Wie lange bist du täglich an der frischen Luft?

✱ ....

Wie lange bist du bei Tageslicht an der frischen Luft?

✱ ....

Wie lange hältst du dich in der Woche in der Natur auf?

✱ ....

Nimm dir drei Orte (Wälder, Flüsse, Sehenswürdigkeiten) in deiner Stadt vor, die du zu Fuß erkunden möchtest.

✳ ....

✳ ....

✳ ....

MEINE NOTIZEN

Praktische Hausmittel bei Erkältungen

Erkältungszeit ist Grippezeit. Wer sich täglich unter vielen Menschen aufhält, der hat früher oder später eine triefende Nase und einen kratzigen Hals. Wenn es dich erwischt hat, kannst du mit allerlei pflanzlichen Hausmitteln die Symptome eindämmen und deine Beschwerden lindern.

Erkältung oder Grippe?

Umgangssprachlich wird oft nicht zwischen einer Erkältung oder einer Grippe differenziert, dabei es gibt wichtige Unterschiede. Bei einer Erkältung handelt es sich um einen viralen Infekt der oberen Atemwege, der schleichend beginnt und bei dem du dich leicht bis mittelschwer krank fühlst. Im Gegensatz dazu beginnt eine Grippe schlagartig. Sie wird durch Viren (Influenza A oder B) hervorgerufen und geht mit starkem Krankheitsgefühl einher. Die Symptome sind ähnlich, jedoch sind sie bei einer Grippe wesentlich stärker ausgeprägt. Insbesondere hohes Fieber und starke Gliederschmerzen sind charakteristisch. Wichtig: Vermutest du, dass du nicht nur eine Erkältung, sondern eine Grippe haben könntest, solltest du deinen Hausarzt aufsuchen. Denn eine Grippe kann schwerwiegende Komplikationen wie Lungenentzündung oder Herzmuskelentzündung hervorrufen.

Erkältungsbad mit Eukalyptus

Besonders zu Beginn einer Erkältung kannst du die Symptome wirksam mit einem heißen Bad bekämpfen. Die Wärme des Wassers fördert die Durchblutung deiner Schleimhäute, und somit wird die Virenvermehrung etwas gestoppt. Das Erkältungsbad lindert deine Beschwerden, Badezusätze mit Eukalyptus lassen dich besser durchatmen. Wichtig: Gönne dir nach dem Bad Ruhe — gehe am besten vor dem nächtlichen Schlaf in die Wanne. Auch wenn du schon länger erkältet bist, lohnt sich ein heißes und entspannendes Vollbad. Bei Fieber hingegen solltest du nicht baden — das heiße Bad erhöht die Körpertemperatur ja noch weiter.

Viel Tee

Tee gehört zur Erkältungszeit einfach dazu. Dabei kannst du wunderbar variieren, denn es gibt viele pflanzliche Heilmittel, die du zu einem heilenden Tee aufbrühen kannst. Ingwer hemmt die Ausbreitung von Viren — also ideal für verschnupfte Nasen. Anders als Ingwer ist Salbei schweißhemmend, wirkt dafür aber ebenfalls antiseptisch und bekämpft Viren. Thymian erweitert die Bronchien, löst Husten und wirkt antibakteriell. Spitzwegerich hilft gegen Husten, Bronchitis und Asthma und stärkt das Immunsystem. Außerdem fördert er den Aufbau der schützenden Schleimhaut.

IT'S TEA TIME

Kartoffel- und Zwiebelwickel

Warme Wickel gehören wohl mit zu den ältesten Hausmitteln gegen Erkältung. Kartoffelwickel eignen sich gegen Halsschmerzen. Koche dafür ungeschälte Kartoffeln und lege sie direkt nach dem Kochvorgang in ein Baumwolltuch (Achtung, heiß!), und zerdrücke sie etwas. Umwickle das Tuch dann mit einem Handtuch und lege es dir für eine halbe Stunde um den Hals. Die Zwiebel hilft nicht nur als Husten-sirup (klein geschnittene Zwiebel mit zwei Esslöffeln Honig in ein Glas geben und über Nacht ziehen lassen), sondern auch bei Ohren-schmerzen: Die Dämpfe der Zwiebel regen die Durchblutung an und reduzieren die Krank-heitskeime. Zerschneide für den Wickel eine Zwiebel und lege die kleinen Stücke in ein Baumwolltuch oder eine alte Socke. Das Zwie-belsäckchen legst du für 20 Minuten auf das schmerzende Ohr.

Salzwasser

Kochsalz ist ein kleines Wundermittel bei verstopfter Nase—nicht umsonst gibt es Nasen-sprays mit Salz zu kaufen. Nasentropfen und -spülungen kannst du jedoch auch selber machen. Löse dafür einen halben Teelöffel Salz in einem Glas lauwarmem Wasser auf. Fülle dann deine selbstgemachte Salzlösung in eine Sprayflasche um. Salzwasser eignet sich außerdem zum Inhalieren. Löse dafür in glei-cher Konzentration Salz in einer Schüssel mit heißem Wasser auf, schnappe dir ein Hand-tuch, lege es über deinen Kopf, und inhaliere vorsichtig über der dampfenden Schüssel. Über-decke mit dem Handtuch deinen Kopf und die Öffnung der Schüssel. So erreichen die heilen-den Dämpfe deine Schleimhäute besser. Vorsicht: Zu Beginn sind die Dämpfe noch sehr heiß, halte daher am Anfang größeren Abstand zur Schüssel. Unbedingt Taschentücher bereit-legen, denn deine Nase wird durch das Inhalie-ren ordentlich laufen.

Meine Werte

Was ist dir in deinem Leben besonders wichtig?

✳ ....

✳ ....

✳ ....

Was motiviert dich?

✳ ....

✳ ....

Wofür lohnt es sich zu leben?

✳ ....

✳ ....

Meine Werte leben

Welche deiner fünf wichtigsten Werte hast du diese Woche gelebt? In welchen Situationen?

* ....

* ....

* ....

* ....

MEINE NOTIZEN

Kräutertees
und ihre heilsame Wirkung

*Bei Erkältung, Bauch-, Kopfschmerz und weiteren Beschwerden
kannst du dir den Gang in die Apotheke häufig sparen:
Ebenso gut wie teure Medikamente helfen verschiedene Kräutertees.
Man muss nur wissen, welche Teesorte wann und wie wirkt.*

Pfefferminztee: Heilmittel und Kaffeealternative

Die Pfefferminze hat ihren Namen von dem scharfen, an Pfeffer erinnernden Geschmack ihrer Blätter. Unter den Blättern befinden sich Duftschuppen, die reich an dem ätherischen Öl Menthol sind. Schon beim Reiben entströmt den Blättern ein frischer Pfefferminzduft, der auf der Haut ein kaltes Gefühl hinterlässt. Das wird vom Menthol hervorgerufen, das die Kälterezeptoren in der Haut aktiviert und die Durchblutung anregt.
Eine Tasse Pfefferminztee am Morgen bringt den Kreislauf in Schwung und macht ebenso munter wie eine Tasse Kaffee. Die belebende Wirkung des Menthols kann außerdem Spannungskopfschmerzen und Migräne lindern.

Zur Heilwirkung:

→ Heißer Pfefferminztee mit Honig gehört zu den klassischen Erkältungstees. Mit dem heißen Tee inhalierst du die ätherischen Mentholdämpfe, die die Durchblutung der Nase anregen. Dadurch werden die Nase und die oberen Atemwege wieder frei.

→ Pfefferminztee hilft bei Magenverstimmungen, indem er die Magennerven beruhigt. Diese entkrampfende Wirkung lindert Symptome auch bei Reizdarm.

→ Pfefferminze entspannt die Nerven im Verdauungstrakt und regt die für die Fettverdauung nötige Gallenproduktion an. Der Tee unterstützt die Verdauung bei fettigen Speisen und verhindert ein unangenehmes Völlegefühl. Wie du ihn zubereitest: 5 bis 7 frische bzw. bis zu 10 getrocknete Blätter mit heißem Wasser aufbrühen und 10 Minuten ziehen lassen.

Salbeitee, das natürliche Erkältungsmittel

Salbei ist eine der ältesten Heilpflanzen.

Zur Heilwirkung:

→ Die Heilwirkung des Salbeis steckt in den fleischigen Blättern, die reich an ätherischen Ölen und Bitterstoffen sind. Die ätherischen Öle Cineol und Camphen regen die Durchblutung an, wirken desinfizierend und keimtötend.

→ Die in Salbei enthaltenen Gerbstoffe tragen dazu bei, dass sich Verschleimungen leichter lösen und Blutungen gestillt werden. Bei Husten löst Salbeitee so die Verschleimung in den Atemwegen und wirkt antibakteriell.

→ Auch bei Zahnfleischentzündungen und vereiterten Mandeln schafft Salbeitee Linderung, indem er Blutungen stoppt, das Gewebe kräftigt und entzündungshemmend wirkt.

→ Du kannst Salbeitee bei Nervosität, Anspannung und Stress sowie bei Angstgefühlen und Schweißausbrüchen trinken.

→ Bei krampfhaften Magenschmerzen oder Menstruationsbeschwerden kann eine Tasse heißer Salbeitee entspannend wirken und die Nerven entkrampfen.

Wie du ihn zubereitest: 3 bis 5 frische bzw. bis zu 7 getrocknete Blätter mit heißem Wasser aufbrühen und 10 Minuten ziehen lassen.

....

Kamillentee lindert Entzündungen

Die Kamille wirkt entzündungshemmend, antibakteriell und krampflösend. Dadurch hilft der Tee bei Entzündungen im Mund und den Verdauungsorganen.

Zur Heilwirkung:

→ Bei Zahnfleischentzündungen oder vereiterten Mandeln kannst du lauwarmen Kamillentee trinken oder damit gurgeln. Bei akuten Entzündungen solltest du keinen heißen Tee trinken, weil die Wärme die Durchblutung anregt. Dadurch können sich die Bakterien im Körper verbreiten.

→ Bei Erkältungen kannst du mit Kamillentee inhalieren und so die Entzündungen in Nase und Atemwegen lindern.

→ Bei Magen-Darm-Infektionen durch Bakterien wirkt Kamillentee antibakteriell und lindert die Magenkrämpfe. Eine Tasse Kamillentee vor dem Frühstück hilft bei Magenschleimhautentzündungen.

→ Die in der Blüte der Kamille enthaltenen Schleimstoffe neutralisieren übermäßige Säureproduktion im Magen, sodass Kamillentee auch bei Sodbrennen und Gastritis hilft. Wie du ihn zubereitest: 2 bis 3 Gramm (= Teelöffel) Kamillenblüten mit heißem Wasser aufbrühen und nach 10 Minuten durch ein Teesieb geben.

....

Weitere Heilkräutertees

Brennnesseltee ist harntreibend und hilft so bei Blasenentzündungen. Zudem hat er schmerz- und entzündungslindernde Eigenschaften, senkt den Blutdruck und lindert Magen- und Menstruationsbeschwerden. Lindenblütentee ist beruhigend und entspannend bei Einschlafproblemen, Unruhe und Nervosität. Er hemmt Entzündungen bei Erkältung, Fieber und Husten und lindert Kopf-, Magen- und Unterleibsschmerzen.

....

Tipp: Kamillentee für die Hausapotheke

Statt Kamillentee zu trinken, kannst du ihn auch äußerlich zur Behandlung von Entzündungen verwenden:

→ Kleinere Schürfwunden kannst du mit abgekühltem Kamillentee auswaschen und so einer Infektion vorbeugen.

→ Als Gesichtswasser hilft Kamillentee bei der Behandlung von leichter Akne.

Was gegen
den Winterblues hilft

Draußen ist es grau und kalt? Das schlägt auf die Laune und bremst den Antrieb.
Der Grund: Sonnenlicht erzeugt in unserem Körper das Glückshormon Serotonin. In den Winter-
monaten bekommt der Körper weit weniger Sonnenlicht ab, er produziert einen Überschuss
an Melatonin, das Schlafhormon. Es sorgt dafür, dass wir nachts schlafen können, und macht uns,
wenn im Übermaß vorhanden, tagsüber müde.

Das hilft gegen Energie- und Lustlosigkeit:
- Tageslicht
- Frische Luft
- Bewegung
- Farbe in die Wohnung bringen, z. B. durch Dekorieren

Was hilft dir am besten, wenn du antriebslos bist?

✳ ....

✳ ....

✳ ....

✳ ....

✳ ....

... und bei Ruhelosigkeit?

Andersherum: Was hilft dir bei Ruhelosigkeit?

✳ ....

✳ ....

MEINE
NOTIZEN

Nein sagen
mit einem guten Gefühl

*Wie häufig sagst du bei einer Bitte Ja und ärgerst dich hinterher,
dass du zu schnell zugesagt hast? Nein sagen, das fällt den meisten schwer.
Denn damit würden wir eine Grenze aufzeigen
und unsere Bedürfnisse wichtiger nehmen als die von anderen.
Sich das zu erlauben ist nicht leicht.*

MEINE GRENZEN WAHREN

Bedenkzeit nehmen

Wenn dich jemand um einen Gefallen bittet,
musst du nicht sofort zusagen. Sag erst einmal:
»Darüber muss ich einen Moment nachdenken. Ich sage dir gleich Bescheid.« Häufig
werden wir überrumpelt und sagen zu
schnell zu oder ab—und würden die Entscheidung lieber wieder rückgängig machen.
Deshalb: Mach es dir zur Gewohnheit, dir erst
einmal Bedenkzeit zu nehmen, und nutze
die Zeit dann auch. Frage dich:

◑ Will ich das wirklich tun?
◑ Wie viel Zeit und Energie habe ich gerade?
◑ Wie häufig habe ich schon etwas für diese
Person getan? Möchte ich das dieses Mal auch
wieder tun?

Was macht es dir so schwer, Nein zu sagen?

Es gibt unterschiedlichste Gründe dafür, warum
es uns schwerfällt, Nein zu sagen. Wenn du
dir klar darüber wirst, was deine Motivation ist,
kannst du besser damit umgehen.

→ **Angst vor Ablehnung:** Vielleicht hast du
die Erfahrung gemacht, dass andere dich nur
mögen, wenn du lieb und nett (= für sie nütz-
lich) bist. Willst du nicht lieber mit Menschen
befreundet sein, die dich so mögen, wie du bist?

→ **Angst vor den Konsequenzen:** Ein Nein
kann zum Konflikt mit jemandem führen,
der dir wichtig ist. Kannst du mit dem Konflikt
umgehen? Würdest du dich zurücknehmen,
um dem Konflikt auszuweichen?

→ **Angst davor, egoistisch zu wirken:**
Mit dem Nein nimmst du deine Bedürfnisse
wichtiger als die von jemand anderem.
Der Vorwurf, egoistisch zu sein, ist nicht selten
einfach nur ein Versuch, dich zu manipulieren.
Und wenn du das selbst denkst: Egoisten
kommen in der Regel gar nicht auf die Idee,
egoistisch zu sein.

→ **Angst, etwas zu verpassen:** Da hilft es,
dir deine Prioritäten klarzumachen. Du kannst
schlicht und einfach nicht überall dabei sein.

→ **Bedürfnis, gebraucht zu werden:**
Für andere da zu sein, helfen zu können—
das tut vielen Menschen gut, und das ist auch
grundsätzlich etwas Schönes. Solange die
Balance stimmt und du nicht immer nur gibst.
Denn dann kommt irgendwann Unzufriedenheit auf.

Tipp: Nein im Beruf

Gegenüber Vorgesetzten Nein zu sagen ist nicht immer eine gute Idee. Da kann es helfen, darauf zu verweisen, dass deine Arbeitswoche schon komplett verplant ist. Dann kannst du deinem Chef die Entscheidung überlassen, welche Aufgabe du abgeben oder verschieben kannst, damit du Zeit für die neue Aufgabe hast.

Was kostet dich dein Ja?

Jedes Ja hat seinen Preis. Wenn du jemandem einen Gefallen tust, dann kostet dich das Zeit und Energie, die dir nicht mehr für eigene Anliegen zur Verfügung steht. Wenn du an deinem freien Wochenende jemandem beim Umzug hilfst, dann kannst du nicht ausspannen oder etwas anderes für dich tun. Der Preis kann auch sein, dass du dich ärgerst, deine Bedürfnisse zurückgestellt zu haben, oder dass du dich auf Dauer ausgenutzt fühlst. Leichter Nein sagen zu können hilft dir auch, dich gegen laute Konsumangebote besser wehren zu können.

Die innere Erlaubnis

Die innere Erlaubnis, Nein zu sagen, kannst nur du dir geben. Dabei hilft es, wenn du dir klarmachst, welchen Preis ein Ja hätte und was es dir schwer macht, Nein zu sagen. Vor allem aber hilft es, dir vor Augen zu halten, dass du ein Recht auf deine Bedürfnisse hast und dass diese genauso wichtig sind wie die anderer.

Auf die sanfte Art Nein sagen

Wenn du Nein sagst, dann sag es freundlich, klar und bestimmt, und lass dich nicht auf eine Diskussion ein.

So kannst du es deinem Gegenüber leichter machen, dein Nein zu akzeptieren:

→ Nein begründen: Dein Nein musst du nicht rechtfertigen, es kann aber helfen. So kann dein Gegenüber es leichter annehmen.

→ Gegenangebot machen: Vielleicht kannst oder willst du die Aufgabe nicht heute erledigen, hast aber nächste Woche Zeit dafür. Oder du könntest einen Teil davon übernehmen.

→ Verständnis zeigen: Ein Nein wirkt oft nicht mehr so hart, wenn du Verständnis für das Anliegen deines Gegenüber zeigst.

Zum Beispiel: »Das ist ja blöd, dass dein Mitarbeiter krank ist. Leider kann ich euch nicht aushelfen, weil ...«

Tipp: Nein sagen mit einem Dreh

Wenn du Nein sagst: Vielleicht passt es ja auch, dich zu bedanken. Zum Beispiel:

→ »Das ist schön, dass du da an mich gedacht hast/Ich fühle mich geehrt, dass du mir das zutraust. Nur leider ...«

→ »Dein Lob freut mich. Trotzdem kann ich diese Aufgabe heute nicht mehr übernehmen.«

Wichtig dabei: Bleibe konsequent bei dem Nein, auch wenn dein Gegenüber versucht, dich durch Schmeicheln, Druck oder Drohen herumzukriegen.

MEINE
WOCHE

Nein sagen

Neinsagen kann eine Überwindung sein

In welchen Situationen sagst du öfter Ja, obwohl du es hinterher bereust?

✳ ....

✳ ....

✳ ....

✳ ....

✳ ....

Welche Angst steckt hinter deinem Ja?

✳ ....

✳ ....

✳ ....

Ausprobieren

Versuche diese Woche einmal, deine neu erworbenen Fertigkeiten im Neinsagen umzusetzen.

✳ ....

✳ ....

MEINE NOTIZEN

So geht's weiter: Der nächste Themenblock widmet sich deinem CO_2-Fußabdruck. Vom Energie- und Wassersparen im Haushalt bis zum richtigen Heizen bekommst du praktische Tipps mit auf den Weg, wie du viel CO_2 einsparen kannst!

Energie sparen im Haushalt

Mit diesen Strom- und Energiespartipps reduzierst du die Umweltbelastung durch klimaschädliche CO_2-Emissionen. Außerdem kannst du deine Ausgaben um mehrere Hundert Euro pro Jahr senken.

Stand-by sucks!

An deinem Fernseher, Monitor oder DVD-Player ist permanent ein leuchtender Punkt zu sehen? Das Netzteil deines Deckenfluters ist warm oder brummt, auch wenn kein Licht brennt? Du findest an der Espressomaschine keinen richtigen Ausschalter? Dann verbrauchen diese Geräte rund um die Uhr Strom. Das Umweltbundesamt beziffert die unnötigen Kosten durch Stand-by-Verbrauch deutschlandweit auf vier Milliarden Euro jährlich. Im Haushalt macht das etwa ein Zehntel deiner Stromrechnung aus. Durch möglichst vollständigen Verzicht auf den Stand-by-Modus kannst du 400 kWh und etwa 110 Euro im Jahr sparen.

Stecker ziehen

Achte darauf, dass Elektro- und Ladegeräte nach Gebrauch oder nach dem Aufladen wirklich ausgeschaltet sind. Am besten ziehst du den Stecker ganz. Mit Schaltersteckdosen drehst du allen »heimlichen Verbrauchern« mit einem Klick den Strom ab. Es gibt sogar ferngesteuerte Steckdosen und Steckdosen mit Timer für etwa zehn Euro.

Energiesparen beim Kochen

◉ Immer mit Deckel kochen, damit keine Wärme entweicht.

◉ Es ist besser, Wasser mit dem Wasserkocher zu erwärmen als auf dem Herd. Entkalke den Wasserkocher auch regelmäßig, weil er sonst mehr Strom verbraucht.

◉ Weniger Energie als der Herd verbraucht auch die Mikrowelle.

◉ Wer einen Schnellkochtopf besitzt, sollte ihn auch benutzen: Er spart bis zu 50 Prozent Energie.

◉ Wer den Elektroherd ein paar Minuten früher ausschaltet als nötig, kann die Restwärme zum Fertiggaren nutzen.

Energiesparen beim Wäschewaschen

Die heutigen Waschmaschinen haben eine so starke Leistung, dass Vorwäsche überflüssig ist. Auch mit dem Hauptprogramm allein wird deine Wäsche blitzsauber. Waschen ohne Vorwäsche vermeidet bei drei Waschgängen in der Woche bis zu 35 Kilogramm CO_2 im Jahr. Die meisten Waschmaschinen verfügen auch über ein Kurzwaschprogramm, das bei leicht verschmutzter Wäsche völlig ausreicht—ein weiteres Plus in deiner Energiebilanz. Mehr als drei Viertel der Energie eines Waschgangs werden für das Erhitzen des Wassers benötigt.

Wenn du nur zwei Waschgänge in der Woche mit 30 statt 60 Grad Celsius wäschst, vermeidest du viel CO_2. Zudem wird nur ein Drittel des Stroms verbraucht.

Zeitschaltuhren nutzen

Zeitschaltuhren sparen Energie bei Heizung und Warmwasser. Also ab in den Keller und einen Blick auf die Heizungspumpe und — falls vorhanden — auch auf den Warmwasserboiler werfen. Diese sind nämlich oft unnötigerweise auf die höchste Stufe eingestellt und laufen rund um die Uhr. Wenn du Pumpe und/oder Boiler auf niedrigere Stufen stellst und zusätzlich mit Zeitschaltuhren versiehst, die den Betrieb zu unnötigen Zeiten (z. B. nachts oder während der Arbeitszeit) anhalten, kannst du deinen Energieverbrauch leicht halbieren.

Einen energieeffizienten Kühlschrank anschaffen

Er läuft das ganze Jahr auf Hochtouren und ist im schlimmsten Fall für ein Viertel deines gesamten Stromverbrauchs verantwortlich: dein Kühlschrank. Mit einem neuen, qualitativ hochwertigen Gerät kannst du langfristig viel Energie sparen und CO_2-Emissionen reduzieren. Achte bei einem Neukauf unbedingt auf den Energieverbrauch. Mit fast jedem Jahr, das vergeht, verbessert sich die Energieeffizienz von Kühlschränken und Gefriertruhen, sodass du mit einem neuen Gerät bis zu 50 Prozent Energie einsparen kannst. Ein Beispiel: Ersetzt du einen 15 Jahre alten Kühlschrank der Effizi-

enzklasse D durch ein Modell der Klasse A+++, sparst du 370 kWh pro Jahr und damit etwas mehr als 100 Euro.

Ökostrom statt konventionellem Strom

Durch den kostenlosen Wechsel zu einem Ökostromanbieter vermeidet ein durchschnittlicher Drei-Personen-Haushalt mit einem Verbrauch von 3.500 kWh rund 935 Kilogramm CO_2 pro Jahr. Der Grund für dieses enorme Einsparpotenzial: Konventioneller Strom wird nach wie vor zum größten Teil aus fossilen Brennstoffen gewonnen — und Kohle, Öl und Co. geben enorm viel CO_2 an die Atmosphäre ab. Der herkömmliche deutsche Strommix emittiert über 600 Gramm CO_2 je kWh.

Umsteigen auf Ökostrom

Falls du nicht bereits Ökostrom nutzt: Mach dich auf www.utopia.de schlau, welche Ökostromanbieter empfehlenswert sind, wähle einen aus, und stell bei diesem einen Antrag auf Stromlieferung. Dazu musst du nur wissen, wie hoch dein bisheriger Jahresverbrauch war (steht auf der Stromrechnung) und wie die Nummer des Stromzählers lautet. Den Rest erledigt dein neuer Stromlieferant, in der Regel auch die Kündigung des alten Vertrags.

Link-Tipp:
Listen mit empfehlenswerten Ökostromanbietern findest du auf www.utopia.de/bestenlisten.

Stromfresser enttarnen

Stromfresser? Nicht bei mir!

Mache dich diese Woche auf die Suche nach den Stromfressern in deiner Wohnung.
Du kannst dir dafür bei vielen Energieanbietern kostenlos ein Strommessgerät ausleihen.

✱ ....

✱ ....

✱ ....

✱ ....

Welche Energieeffizienzklasse haben deine Elektrogeräte?

✱ ....

✱ ....

✱ ....

Welche Geräte stehen bei dir häufig auf Stand-by?

*️ ....

*️ ....

*️ ....

MEINE
NOTIZEN

Elixier des Lebens: Wasser

Wassermangel ist ein globales und ständig aktuelles Thema, und die Klimaerwärmung wird die Situation in den nächsten Jahrzehnten wohl zusätzlich verschärfen. Weltweit ist daher Wassersparen angesagt!

DON'T WASTE WATER

Wasser sparen in Bad und Küche

Etwa 120 bis 190 Liter Trinkwasser pro Kopf fließen täglich aus deutschen Haushalten in die Kanalisation. Doch nicht nur der Wasserverbrauch ist ein Problem, sondern vor allem der Energieverbrauch, der damit einhergeht. Mit ein paar einfachen Tricks kannst du richtig viel (Warm-)Wasser sparen.

Im Badezimmer:

→ Steige statt ins Vollbad (Wasserverbrauch: ca. 140 Liter) lieber unter die Dusche. Hier beträgt der Wasserverbrauch pro Minute je nach Duschkopf in etwa 15 Liter.

→ Sparsame Duschköpfe, Strahlregler und wassersparende Mischdüsen, die man einfach an den Wasserhahn schraubt, reduzieren den Wasserverbrauch deutlich.

→ Stelle den Wasserhahn aus, während du deine Hände mit Seife einschäumst, deine Zähne putzt oder dich rasierst.

In der Küche:

→ Achte beim Kauf von Wasch- und Spülmaschinen auf deren Wasser- und Energieverbrauch. Moderne Waschmaschinen verbrauchen unter 10.000 Liter Wasser im Jahr, moderne Spülmaschinen unter 2.000 Liter.

→ Hast du eine Spülmaschine, dann verzichte auf das Spülen mit der Hand. Eine vollbeladene Spülmaschine verbraucht weniger Wasser als gründliches Abwaschen. Leicht verschmutztes Geschirr brauchst du außerdem nicht vorzuspülen, die Spülmaschine bekommt das sauber.

Der Wasserfußabdruck – so viel Wasser brauchen wir tatsächlich

121 Liter pro Kopf und Tag—im europäischen Vergleich liegen wir Deutschen beim direkten Wasserverbrauch im unteren Mittelfeld. Spanier, Kroaten oder Rumänen beispielsweise verbrauchen im Durchschnitt täglich rund doppelt so viel Wasser pro Kopf. Ein viel größerer Wasserverbrauch steckt aber in den Produkten, die wir konsumieren. Also dort, wo wir nicht unbedingt damit rechnen. Dieser indirekte oder auch virtuelle Wasserverbrauch ist extrem hoch und liegt bei rund 4.200 Liter Wasser täglich. Anders formuliert: In Wahrheit verbrauchen wir nicht 121 Liter täglich, sondern mehr als 40-mal so viel.

Der Grund ist, dass viele unserer Produkte nicht in Deutschland angebaut oder hergestellt werden. Andere Länder dieser Welt sind eben nicht so wasserreich wie Deutschland. Wir sind also indirekt dafür verantwortlich, wenn an anderen Orten der Welt Wasserknappheit herrscht. Wir als Konsumenten können dabei etwas tun: Indem wir regional und saisonal einkaufen, können wir sicher sein, dass nur hiesiges Wasser benutzt wurde. Wer Bio kauft, sorgt indirekt dafür, dass die Gewässer nicht so stark verschmutzt werden. Und nicht zuletzt sollten wir Waren wie Fleisch und Baumwolle, für deren Produktion sehr viel Wasser verbraucht wird, nur in Maßen kaufen.

Mein Wasserfußabdruck

Deinen Wasserfußabdruck berechnen

Auf www.waterfootprint.org kannst du unter Resources > Interactive Tools deinen persönlichen Wasserfußabdruck berechnen.

Was hat dich an deinem Wasserfußabdruck erstaunt?

* ....

* ....

* ....

* ....

Nun, da du deinen Wasserfußabdruck kennst: Worauf willst du beim Wassersparen in Zukunft verstärkt achten?

* ....

* ....

* ....

* ....

Welche drei Gründe sprechen deiner Meinung nach für Leitungswasser statt für Mineralwasser in Flaschen?

✱ ....

✱ ....

✱ ....

MEINE NOTIZEN

Richtig heizen

Im Haushalt entfallen 70 Prozent des Energieverbrauchs
auf die Heizung—richtig heizen ist einer der besten Wege,
CO_2-Emissionen zu reduzieren.
Die folgenden Tipps zeigen dir, wie du im Winter richtig heizt
und dabei nicht nur Energie, sondern auch Geld sparst.

Bewusst heizen

Richtig heizen heißt oft: weniger oder zumindest bewusster heizen. Jedes Grad weniger spart Heizenergie—in deiner Wohnung muss es im Winter nicht 25 Grad warm sein. Nach Schätzungen spart man pro Grad bis zu sechs Prozent Energie.

Die optimale Raumtemperatur liegt bei etwa 20 Grad. Im Bad dürfen es schon 22 Grad sein, doch in anderen Räumen genügen oft weniger: In der Küche heizen Backofen und Kühlschrank mit, im Schlafzimmer sorgen 17 bis 18 Grad für einen guten Schlaf, einige bevorzugen sogar noch weniger. Übrigens: Wer in der Nacht friert, ist mit einer Wärmflasche klüger beraten als mit einem beheizten Schlafzimmer. Unbenutzte Räume brauchen wenig bis keine Heizung. Aber: Viel kälter als 15 Grad sollte es im Winter bei Außentemperaturen unter null nicht werden, sonst droht Schimmel—vor allem bei Feuchtigkeitsquellen im Haus oder in den kühlen Zimmern.

Nachts die Heizenergie bewahren

Fenster haben nicht die gleiche Isolationswirkung wie Wände. Richtig heizen bedeutet hier, so wenig Wärme wie möglich entweichen zu lassen, gerade im Winter. Deshalb ist es sinnvoll, Rollläden nach Einbruch der Dunkelheit herunterzulassen—so lässt sich der Wärmeverlust an den Fenstern um bis zu 20 Prozent stark reduzieren. Übrigens: Die Vorhänge zuzuziehen bringt auch ein paar Prozent.

Heizung rechtzeitig abdrehen

Wer ins Bett geht, schaltet natürlich vorher die Heizung aus. Nun heizt diese aber noch eine Zeit lang nach, und diese Wärme nutzt dem Bewohner eigentlich gar nichts mehr. Schlauer ist also, die Heizung eine halbe oder ganze Stunde vor dem Zubettgehen schon mal herunterzudrehen. Auch das spart wieder etwas Energie.

Richtig lüften

Richtiges Heizen geht nur mit richtigem Lüften: Dauerhaft gekippte Fenster sorgen kaum für Luftaustausch, sie kühlen nur die Wände aus. Stoßlüften dagegen spart viel Energie und ist zudem gut für die Gesundheit. Zu wenig Feuchtigkeit im Raum trocknet die Schleimhäute aus,

(Bild: Heizkörper hinter einem Vorhang)

LIEBER KUSCHELN STATT HEIZEN

zu viel begünstigt gerade an kalten Wänden Schimmelpilze. Am besten ist es, die Fenster mehrmals am Tag für ein paar Minuten ganz zu öffnen, damit ein kompletter Luftaustausch stattfindet—zuvor aber das Thermostatventil herunterdrehen.

Richtig dämmen

Eine Isolationsschicht direkt hinter dem Heizkörper senkt den direkten Wärmeverlust über die Außenwand. Im Baumarkt findest du Dämmmatten in verschiedenen Stärken mit oder ohne Aluminiumbeschichtung. Aluminium reflektiert die Wärmestrahlung. Lass dich hier am besten beraten.

Fenster und Türen dicht halten

Heizen hilft wenig, wenn ein Teil der Wärme durch undichte Fenster und Türen entweicht. Dichtungen in Fenster- und Türrahmen werden im Lauf der Zeit porös und damit undicht. Im Winter kann das richtig teuer werden. Du kannst die Spalten ganz einfach mit Schaumstoff- oder Gummidichtungsband auffüllen. Die bekommst du in jedem Baumarkt in unterschiedlichen Ausführungen.

Heizkörper nicht verdecken

Achte darauf, dass deine Heizkörper und die Thermostate nicht von Möbeln oder Gardinen verdeckt sind. Die Heizwärme kann sich sonst nicht gut im Raum verteilen, und deine Heizung arbeitet stärker als eigentlich nötig—das verschwendet nur Energie.

Thermostat richtig einstellen

Die Zahlen auf den Heizungsthermostaten zeigen, wie warm es im Zimmer wird—aber nicht die Temperatur selbst. Das bedeuten die Angaben auf dem Thermostat:

- Sternchen: ca. 5 °C, Frostschutz
- Stufe 1: ca. 12 °C
- Stufe 2: ca. 16 °C
- Stufe 3: ca. 20 °C
- Stufe 4: ca. 24 °C
- Stufe 5: ca. 28 °C

Auf dem Thermostat sind die einzelnen Stufen noch einmal durch drei Striche unterteilt. Jeder Strich steht dabei für ein Grad.

MEINE WOCHE

Richtig heizen

Weniger ist mehr

Senke die Temperatur in deiner Wohnung um ein Grad.
Fällt dir der Unterschied auf?

* ....

* ....

* ....

* ....

Erfahrungen mit dem Neinsagen

Welche Erfahrungen hast du mit dem Neinsagen gemacht?
Bei wem oder in welchen Situationen fällt es dir noch schwer? Wo geht es schon besser?

✳ ....

✳ ....

✳ ....

MEINE NOTIZEN

Deine Bedürfnisse
ernst nehmen

*Es gibt eine Reihe von Grundbedürfnissen,
ohne die wir nicht oder nur schwer überleben können. Wir haben darüber hinaus
aber noch eine ganze Reihe weiterer zentraler Bedürfnisse,
die mehr oder weniger oft unerfüllt bleiben, weil wir sie nicht ernst nehmen.*

**DAS
TU ICH ...**

Bedürfnis ≠ bedürftig

Viele haben Schwierigkeiten mit dem Begriff
»Bedürfnis« — offenbar denken sie dabei an
»bedürftig«, und bedürftig darf oder will man
nicht sein. In »Bedürfnis« steckt aber auch
das wunderbare Wort »dürfen«: Ich darf Bedürfnisse haben, und ich darf etwas dafür tun,
dass diese Bedürfnisse erfüllt werden — oder
sie mir selbst erfüllen.

Die existenziellen Grundbedürfnisse

Jeder Mensch hat Grundbedürfnisse, die
das Überleben sichern:
◉ körperliche Bedürfnisse wie Essen, Trinken,
Atmung, Schlaf
◉ Sicherheit: Gesundheit, Schutz (vor Gefahren
und Witterung), Ordnung (Gesetze)
◉ soziale Beziehungen

Soziale Grundbedürfnisse

Die sozialen Bedürfnisse sind nicht überlebens-
notwendig, aber ein Leben ohne sie (bzw.
ohne die meisten davon) ist ein Leben im Man-
gel und alles andere als erfüllend. Kinder,
die ohne sie aufwachsen müssen, können see-
lischen Schaden nehmen.

Zu den sozialen Grundbedürfnissen zählen:
◉ Liebe — lieben und geliebt werden
◉ Selbstwertgefühl — dazu gehören Selbstach-
tung, Selbstvertrauen, aber auch die Fähigkeit
zur Selbstkritik
◉ Kontakt, Verbundenheit, Zugehörigkeit,
Nächstenliebe
◉ Sexualität
◉ Gesehen und gehört werden, angenommen
sein
◉ Anerkennung, Bestätigung durch andere
◉ Erfolgserlebnisse
◉ Freiheit, Selbstbestimmung
◉ Kreativität
◉ Veränderung, Abwechslung
◉ Zerstreuung (im Sinne von Entspannung)
Der Psychologe und Kommunikationswissen-
schaftler Friedemann Schulz von Thun hat
diese Bedürfnisse so zusammengefasst:
◉ wertvoll sein
◉ geliebt sein
◉ frei sein
◉ verbunden sein

...FÜR MICH!

Was passiert, wenn die Bedürfnisse nicht erfüllt werden?

Werden soziale Grundbedürfnisse wie Kontakt, Verbundensein und Anerkennung dauerhaft nicht erfüllt, führt das zum einen zu Selbstabwertung (»Ich bin es nicht wert …«) und zum anderen zu Ersatzverhalten. Beides ist oft nicht bewusst. Die Bedürfnisse werden auf andere Aktivitäten oder Dinge verlagert, was nicht selten einen suchthaften Charakter bekommt. Die klassische Ersatzbefriedigung ist Shopping: Die Einkaufsmeilen und Onlinekaufhäuser sind voller Menschen, die kurz einen Kick bekommen wollen, dann aber rasch spüren, dass das erworbene Produkt den »inneren Hunger« nicht stillt. Ein Großteil der Industrie basiert darauf, dass unsere tiefer liegenden Bedürfnisse durch den Kauf nicht befriedigt werden — und wir weiter einkaufen gehen, in der Hoffnung, dass der nächste Einkauf uns »satt« macht. Weitere Ersatzaktivitäten sind Karrieremachen, Extremsport, Sexsucht und natürlich Suchtmittel aller Art.

Ein Recht auf deine Bedürfnisse

Während deiner Kindheit war es die Aufgabe deiner Eltern, deine Bedürfnisse zu erfüllen. Als Erwachsener bist du nun allein dafür verantwortlich. Es ist deine Aufgabe, deine Bedürfnisse ernst zu nehmen und für sie und damit für dich als Person einzutreten. Es ist völlig in Ordnung, diese Bedürfnisse zu haben und sie sich zu erfüllen. Das kannst du auch lernen. Dazu braucht es zuallererst deine innere Erlaubnis. Ein inneres Ja zu deinen Bedürfnissen und zu dir.

Meine Bedürfnisse

Lernen, auf sich selbst zu achten

Welche Bedürfnisse hast du in deiner Familie, in deiner Beziehung und in deinen Freundschaften?

* ....

* ....

* ....

* ....

* ....

Was tust du bereits, um sie zu erfüllen?

* ....

* ....

* ....

Was brauchst du, um dir diese Bedürfnisse noch stärker erfüllen zu können?

✳ ....

✳ ....

✳ ....

MEINE NOTIZEN

Selbstgemachtes zu Weihnachten

Du suchst kreative Geschenke, aber der Weihnachtskaufrausch hängt dir zum Hals heraus? Selbstgemachte Geschenke machen doppelt Freude: Dir beim Basteln und anderen beim Beschenktwerden.

Plätzchen backen

Plätzchen gehören zu Weihnachten wie das Salz in die Suppe. Also: Schürze an und losgelegt! Für den perfekt weihnachtlichen Touch kannst du das Gebäck noch schön verzieren.

Kräuteröl selber machen

Man muss kein Hobbykoch sein, um ein Geschenk aus der Küche zu zaubern: Ein selbst gemachtes Kräuteröl ist ein ebenso einfaches wie leckeres Weihnachtsgeschenk.

Tipp:

Fang rechtzeitig an, denn Kräuteröle brauchen ein paar Wochen, um durchzuziehen.

Zutaten für 350ml Kräuteröl:

- 1 Glasflasche mit Schraubverschluss
- 2 Zehen Knoblauch
- 1 Zweig Rosmarin
- 350 ml geschmacksneutrales Öl (z.B. Bio-Sonnenblumenöl oder Bio-Rapsöl)

Nach Belieben und Geschmack:

- 2 Lorbeerblätter
- 1 Zweig Thymian
- 1 Chilischote
- 1 TL bunte Pfefferkörner
- oder andere selbst geerntete Kräuter, wie Borretsch, Oregano, Salbei oder Minze

Und so geht's:

1. Wasche die Glasflasche als Erstes mit heißem Wasser aus, und lasse sie trocknen. Die Flasche muss komplett trocken sein.

2. Schneide währenddessen die Knoblauchzehen in zwei Hälften und fülle sie in die Flasche.

3. Gib dann den Rosmarin in die Flasche. Die Kräuter müssen unbedingt trocken sein, um Schimmel zu vermeiden.

4. Fülle dann die restlichen Zutaten in die Flasche, die du deinem Kräuteröl zusetzen möchtest.

5. Als Letztes füllst du das Öl in die Flasche.

Backmischung herstellen

… zum Beispiel für Freunde, die gern Süßes essen, aber keine großen Backtalente sind. Such dir einfach ein Rezept, und schichte die trockenen Zutaten in einem Glas auf. Außerdem kannst du ein schönes Etikett basteln, auf dem steht, welche flüssigen Zutaten vor dem Backen noch mit dazumüssen, wie heiß der Ofen eingestellt und wie lange der Kuchen gebacken werden muss.

FREUDE VERSCHENKEN!

Stofftasche bemalen

Ein simpler Stoffbeutel ist immer noch die nachhaltigste Variante, um Einkäufe nach Hause zu tragen. Selbst bemalt, eignet er sich als wunderbares Weihnachtsgeschenk für Freunde und Verwandte.

Stofflesezeichen basteln

Ein paar Stoffreste, eine Sticknadel, etwas Feinwollgarn—und schon kannst du aus Resten ein wunderschönes Lesezeichen sticken.

Vegane Seife selber machen

Wer Seife selbst herstellt, kann ganz einfach auf tierische Bestandteile, Palmöl und eine Plastik-verpackung verzichten. Die Seife wickelst du zum Verschenken am besten in Packpapier ein.

Hierfür brauchst du:

◐ 250 g Kernseife
◐ 1-2 EL Olivenöl
◐ ätherisches Bio-Orangenöl
Alternativ: Bergamotte- oder Zitronengrasöl
◐ ggf. Seifenfarbe (ansonsten bleibt die Seife weiß)

Und so geht's:

1. Die Kernseife raspeln und mit etwa einem halben Glas warmem Wasser mit der Hand zu einer Masse verarbeiten. Die Masse sollte nicht zu fest und nicht zu flüssig sein.
2. Gib das Olivenöl und 10 bis 15 Tropfen deines ätherischen Öls dazu, um deiner Seife einen angenehmen Duft zu verleihen.
3. Alles gut miteinander vermengen.
4. Lasse nun die fertige Masse in einer zuvor eingefetteten Kastenform über mehrere Tage trocknen. Du kannst sie auch per Hand formen oder ausrollen und Formen ausstechen.
5. Nun schneidest du die Seife in Stücke und lässt sie noch ein paar Tage reifen.

Kochbox zusammenstellen

Kochboxen sind im Abo ein beliebtes Geschenk. Kreiere doch einfach selbst eine, und beschenke damit Freunde und Familie.

Ein persönliches Buch gestalten

Was könnte persönlicher sein als ein ganzes Buch, dass man selber gemacht hat? Ideen gibt es viele: ein Rezeptbuch mit eigenen Rezepten, schöne Fotos aus einem gemeinsamen Urlaub, ein Gutscheinbuch. Besorg dir ein hübsches, leeres Notizbuch, und sei kreativ!

Link-Tipp:

Noch mehr Inspiration für Weihnachts-geschenke bekommst du auf www.utopia.de/galerien/weihnachtsgeschenke-selber-machen.

Ein Gedankenspiel: Parallele Leben

Das Universum ist unendlich ...

Von der These, es könnte unendlich viele Universen geben, die parallel zu unserem existieren, hast du vielleicht schon gehört.

Ein Konzept wie »unendlich viele« können wir uns schwer vorstellen. Aber mal angenommen, es gäbe tatsächlich neben unserem Universum noch zwei weitere, und du könntest in diesen Paralleluniversen zwei unterschiedliche Leben leben — Wer wärst du in diesen anderen Universen? Wie würdest du leben, was würdest du tun?

* ....

....

....

....

* ....

....

....

....

Wie lebst du heute deine Werte?

Vor einiger Zeit hast du dich mit deinen Werten beschäftigt:
damit, was dir wichtig ist und wie stark du nach deinen Werten lebst.
Schau jetzt noch einmal genau hin, wo du heute stehst.

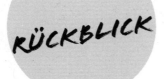

Blättere noch einmal zurück zu S. 146. Dort hast du die Werte notiert, die dir vor vier Monaten wichtig waren. Übertrage sie auf die nächste Doppelseite.

Wie sieht es heute aus?

Gehe die Liste nun aufmerksam durch. Passt sie noch? Vielleicht ist dir heute etwas nicht mehr so wichtig wie noch vor einigen Monaten. Vielleicht ist anderes wichtiger geworden.
Nimm dir diese Woche Zeit, um dir darüber klar zu werden, was dir heute wichtig ist:
1. Notiere dir noch einmal alle Werte, die dir wichtig sind.
2. Unterstreiche die fünf, die für dich am am bedeutsamsten sind. Gibt es Abweichungen zur Liste von vor vier Monaten?
3. Und nun reflektiere eine Woche lang jeden Abend dein Verhalten: Welche Werte aus der Liste spiegeln sich in deinem Verhalten wider? Markiere mit roter Farbe die fünf, die im Lauf der Woche am häufigsten dein Handeln bestimmen.

4. Vergleiche am Ende der Woche die unterstrichenen Werte mit den rot markierten. Hast du diese Woche andere Werte gelebt als die, die dir wichtig sind?
5. Mit den Erkenntnissen aus der Woche: Was sind deine Werte heute? Übertrage die Erkenntnisse in die Liste auf der folgenden Doppelseite.

Kongruent nach deinen Werten leben

Wenn du schon vor vier Monaten und auch jetzt wieder feststellst, dass du weitgehend nach deinen Werten lebst: Wunderbar.
Falls es dir aber bei einem oder mehreren Werten immer wieder schwerfällt, kann das verschiedene Gründe haben:
1. Vielleicht bewegst du dich in einem Umfeld, in dem es nicht oder nur gegen Widerstände möglich ist, nach deinen Werten zu leben.
2. Vielleicht sind es auch gar nicht »deine« Werte. Als Kinder übernehmen wir erst einmal die Wertvorstellungen unserer Familie und unseres Umfeldes (Schule, Freunde). Erst später, typischerweise in der Pubertät und beim Erwachsenwerden, lösen wir uns und entwickeln unsere eigenen Vorstellungen. Nichtsdestoweniger wirken frühe Prägungen, etwa Überzeugungen und Wertvorstellungen, immer noch nach. So kann es sein, dass du dich inner-

lich immer noch »alten« Werten verpflichtet fühlst, es dir aber schwerfällt, danach zu leben — weil sie im Grunde schon nicht mehr zu dir passen.

Im ersten Fall: Frage dich, ob das Umfeld noch das richtige für dich ist. Oder wie du in dem Umfeld einen Weg findest, deine Werte stärker zu leben.

Im zweiten Fall stelle dir die folgenden Fragen:

→ Wer in meiner Familie hat diese Werte noch?

→ Wenn es diese Personen in meinem Leben nicht (mehr) gäbe: Wären mir diese Wertvorstellungen immer noch wichtig?

→ Was verliere ich, wenn ich diese Wertvorstellungen aufgebe?

→ Was gewinne ich, wenn ich mich von diesen Wertvorstellungen löse?

Rückblick:
Wie lebst du heute
deine Werte?

Meine Werte vor vier Monaten

1. ....

2. ....

3. ....

4. ....

5. ....

Meine Werte heute

1. ....

2. ....

3. ....

4. ....

5. ....

Mehr Raum für meine Werte

Welchen dieser Werte willst du mehr Raum in deinem Leben geben?

* ....

* ....

* ....

MEINE NOTIZEN

Engagement zeigen

*Hast du dir schon einmal überlegt, einer Gruppe oder einem Verein beizutreten,
der sich für Nachhaltigkeit engagiert? Auch soziale Ehrenämter gibt es viele.
Dabei würdest du nicht nur anderen helfen — auch persönlich kann es dich bereichern.*

Ein Ausgleich

Sich für das Gemeinwohl einzusetzen ist wichtig: Viele Organisationen in Deutschland sind auf ehrenamtliche Mitarbeit angewiesen und würden ohne diese überhaupt nicht existieren. Ein Ehrenamt kann zum Beispiel ein Ausgleich zu deiner Arbeit sein: Du kannst etwas tun, was dir persönlich wichtig, in deinem Job aber vollkommen irrelevant ist.

Gut für das Selbstwertgefühl

Dein Selbstwertgefühl kann nur gewinnen: Denn in einem Ehrenamt übernimmst du idealerweise Tätigkeiten, die dich erfüllen und die dir Spaß machen. So kannst du an Stellen helfen, an denen deine Fähigkeiten wirklich gebraucht werden.

Auf deine ehrenamtliche Tätigkeit wirst du zudem direkte Reaktionen bekommen. Die Menschen freuen sich über deine Hilfe. Dabei ist es ganz egal, ob du dich für das Begrünen deiner Stadt einsetzt oder dabei hilfst, einen Kinderspielplatz aufzuräumen. Die Dankbarkeit, die andere dir entgegenbringen, ist unbezahlbar und macht erwiesenermaßen glücklich. Du kannst außerdem über den Tellerrand blicken: Denn du wirst Bereiche und Menschen in deiner Stadt kennenlernen, die du zuvor überhaupt nicht kanntest. Ehrenamtliche werden auch im Ausland gesucht. Dort kannst du deine Fremdsprachenkenntnisse erweitern und interkulturelle Kompetenzen erwerben.

Wenn du ein Ehrenamt übernimmst, wirst du rasch neue soziale Kompetenzen erlernen. Zudem wird sich dein Einfühlungsvermögen verbessern.

Das richtige Ehrenamt finden

Das Gute an einem Ehrenamt ist, dass du genau das machen kannst, was dir am meisten Spaß macht. Du möchtest dich für den Umweltschutz einsetzen? Dann engagiere dich in Naturschutzverbänden wie dem NABU oder beim Bund für Umwelt und Naturschutz (BUND). Diese großen Verbände haben in jeder größeren Stadt eine Ortsgruppe, der du dich anschließen kannst. Aber auch kleinere ehrenamtliche Gruppen mit den verschiedensten Themenschwerpunkten finden sich meist schnell durch eine Suche im Netz.

HILF MIT!

Hier findest du noch weitere Ideen:

→ Du arbeitest gerne mit älteren Menschen?
Viele Seniorenwohnheime suchen nach
Ehrenamtlichen, die Freizeitaktivitäten wie
Spielenachmittage oder Singkreise anbieten
oder einfach Heimbewohner besuchen
und ihnen Zeit und Interesse schenken.

→ Du bist handwerklich geschickt?
Dann engagiere dich in einem Repair-Café
oder einer Fahrradwerkstatt bei einer
gemeinnützigen Einrichtung.

→ Du arbeitest gerne mit Obdachlosen
und willst jeden Tag etwas anderes erleben?
Dann könnte die Bahnhofsmission etwas
für dich sein.

→ Wenn du eine ganz andere Idee hast,
kannst du auch über die Gründung eines
eigenen Vereins nachdenken.

Online informieren

Du hast Lust bekommen, Gutes zu tun, weißt
aber noch nicht, wo und wie? Auf www.Gute-
Tat.de findest du Angebote in den Städten
Berlin, München und Hamburg. Ein größeres
Angebot und zudem eine persönliche Beratung
gibt es bei den über 500 Freiwilligenagenturen
in ganz Deutschland (Adressen findest du
unter www.bagfa.de). Auf der Spendenplattform
www.betterplace.org kannst du gezielt nach
»Zeitspende« suchen oder auf der Startseite
auf »Ehrenamt finden« klicken.

Tipp: Unverhofft kommt oft

In großen Städten vermissen viele Menschen
ein Gemeinschaftsgefühl. Denn das Leben in
einer Großstadt ist häufig anonym, oft kennt
man nicht einmal seine Nachbarn. Engagierst
du dich aber ehrenamtlich, lernst du schnell
neue Menschen kennen. Daraus ergeben sich
nicht selten echte Freundschaften.

Ehrenamtlich engagieren

Deine Stärken in Engagement umsetzen

Wo liegen deine Stärken und deine Interessen?

* ....

* ....

* ....

* ....

* ....

* ....

* ....

* ....

Welche Art von Engagement käme für dich infrage? Wo könntest du deine Fähigkeiten zum Nutzen anderer einsetzen?

✳ ....

✳ ....

✳ ....

MEINE NOTIZEN

Rückschau:
Wo stehst du heute?

Die Reise durch dieses Jahr ist so gut wie zu Ende.
Du hast dir zu Beginn der Reise angeschaut, wo du in Bezug auf wichtige Bereiche
in deinem Leben stehst. Lass uns nun sehen, wo du heute stehst.

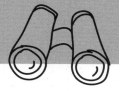

Du hast nun ein Jahr deiner Reise nach Utopia hinter dir.

Ziel war es, dein Leben Schritt für Schritt nachhaltiger zu gestalten, voller Achtsamkeit gegenüber Natur, Mensch und Tier. Und nicht zuletzt auch voller Achtsamkeit dir selbst gegenüber.

Das ist keine Reise, bei der man irgendwann ankommt. Es ist eine Reise, die immer weitergeht. Auch im nächsten Jahr und in den Jahren danach.

Jetzt, kurz vor Ende des Jahres, kannst du dir Zeit nehmen, innezuhalten und zu schauen, wo auf deiner Reise du heute stehst und wie es dir in den wichtigsten Lebensbereichen geht.

Dann kannst du zu Beginn des neuen Jahres entscheiden, welchen dieser Bereiche du dann mehr deiner Aufmerksamkeit widmen willst.

Wie hoch ist deine Lebensqualität heute?

Trage auf den Skalen ein, wie hoch deine Lebensqualität und dein Engagement in diesen Lebensbereichen heute ist:

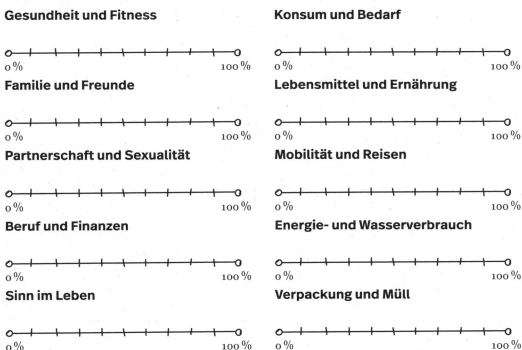

Gesundheit und Fitness

0 %   100 %

Familie und Freunde

0 %   100 %

Partnerschaft und Sexualität

0 %   100 %

Beruf und Finanzen

0 %   100 %

Sinn im Leben

0 %   100 %

Konsum und Bedarf

0 %   100 %

Lebensmittel und Ernährung

0 %   100 %

Mobilität und Reisen

0 %   100 %

Energie- und Wasserverbrauch

0 %   100 %

Verpackung und Müll

0 %   100 %

Rückblick:
Das ist mir gut gelungen

Zum Abschluss des Jahres blicke zurück

Was ist gut gelaufen?

Nutze die beiden Seiten, um alles Positive zu notieren, was dir in den Sinn kommt.

✱ ....

✱ ....

✱ ....

✱ ....

✱ ....

✱ ....

✱ ....

✱ ....

✱ ....

Mehr tun

In welche Bereiche willst du im nächsten Jahr mehr Energie stecken?

* ....

* ....

* ....

* ....

* ....

* ....

* ....

* ....

* ....

Über Utopia
und den Autor

Die Menschheit steht vor großen ökologischen und sozialen Herausforderungen. Doch obwohl die Zeit drängt, hat Nachhaltigkeit noch immer nicht oberste Priorität—weder auf der politischen Agenda noch bei der Mehrzahl der Verbraucher und Unternehmen. Deshalb möchten wir mit Utopia Menschen, Organisationen und Unternehmen zusammenbringen, die mit uns gemeinsam einen wirksamen Beitrag zu einer nachhaltigen Entwicklung in Wirtschaft und Gesellschaft leisten wollen.

www.utopia.de

Unsere Vision: nachhaltige Entwicklung in Wirtschaft und Gesellschaft

Mit Utopia wollen wir Millionen Verbraucher informieren und inspirieren, ihr Konsumverhalten und ihren Lebensstil bewusst zu gestalten und nachhaltig zu verändern. Wir sind davon überzeugt, dass nachhaltiger Konsum sich nur dann auf breiter gesellschaftlicher Basis durchsetzen wird, wenn die Angebote attraktiv sind—und damit massen(markt)-tauglich.

Wir glauben: Bewusster Konsum kann die Welt verändern. Deshalb wollen wir es unseren Nutzern so leicht und so attraktiv wie möglich machen, sich bei Produkten und Dienstleistungen für nachhaltigere Alternativen zu entscheiden.

Unser Beitrag: nachhaltige Kaufberatung

Utopia verbindet die kompetente Kaufberatung einer unabhängigen Redaktion mit den Meinungen und Empfehlungen einer aktiven Community mit über 230.000 Fans allein auf Facebook.

Dabei will Utopia weder belehren noch missionieren, sondern umfassend informieren. Utopia will die Menschen motivieren, den jeweils nächsten Schritt in Richtung Nachhaltigkeit zu tun—egal, wie groß oder klein dieser ist. Aus eigener Erfahrung wissen wir: Wer einmal angefangen hat, sich mit nachhaltigem Konsum zu beschäftigen, den lässt es nicht mehr los.

Besuche zum Beispiel die Utopia-Bestenlisten auf www.utopia.de/bestenlisten, und überzeuge dich davon, dass es heute für viele alltägliche Produkte auch nachhaltigere Alternativen gibt.

Franz Grieser

Franz Grieser, Jahrgang 1962, vermittelt
seit über 30 Jahren Wissen und Know-how:
als Buchautor, Journalist, Übersetzer
und Seminarleiter. Außerdem begleitet er als
Gestalttherapeut, psychotherapeutischer
Heilpraktiker und Coach Menschen, die sich
weiterentwickeln und innere Blockaden
lösen wollen. Nachdem er zunächst überwie-
gend zu Technikthemen (IT, Automobil-
technik, Mess- und Regeltechnik) geschrieben
hat, sind seine Hauptthemen heute Nachhaltigkeit, Persönlichkeitsentwicklung und
Kreativität. Er hat bisher 25 Fachbücher
veröffentlicht und unterstützt heute als Autor
und Projektleiter Zeitschriftenverlage und
Onlineportale wie Utopia.

Als Wachstumsbegleiter und Blockadenlöser
lässt er sich von dem Motto des Gestalttherapeuten Arnold Beisser leiten: »Veränderung
geschieht, wenn jemand wird, was er ist,
nicht wenn er versucht, etwas zu werden, das er
nicht ist.«

Das Utopia-Team

Ein Teil der Inhalte dieses Buchs basiert auf
der Arbeit der Redaktion von www.utopia.de.
Franz Grieser und der oekom verlag bedanken
sich beim Utopia-Team und ihren festen und
freien Autorinnen und Autoren. Wertvolle
Anregungen gehen auch auf das Feedback der
Utopia-Leser zurück — auch dafür danke!

Register

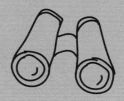

Endnoten- und Bildverzeichnis

S. 24/25
[1] Oettingen, G. (2015): Die Psychologie des Gelingens, München.

S. 40/41
[2] Emmons, R. (2016): Thanks! How Practicing Gratitude Can Make You Happy, New York.

S. 80/81
[3] Roth, G. (2013): Das Schwierigste fürs Gehirn: Gewohnheiten ablegen [www.focus.de/gesundheit/ratgeber/psychologie/tid-28974/kultur-und-leben-medien-so-besiegen-sie-schlechte-gewohnheiten-das-schwierigste-fuers-gehirn-gewohnheiten-ablegen_aid_897435.html; 17.06.2019].
[4] Fogg, BJ: Tiny Habits. [www.tinyhabits.com/;17.06.2019].

S. 112/113
[5] BUND (2018) Zähneputzen ohne Gift [www.bund.net/bund-tipps/detail-tipps/tip/zaehneputzen-ohne-gift/;17.06.2019].

S. 132/133
[6] Umweltbundesamt, (2019): Meine CO_2-Bilanz [uba.co2-rechner.de/de_DE/mobility-flight; 17.06.2019].

S. 164/165
[7] Rogers, C. (1961): On Becoming A Person, London.

[8] Beisser, A. (1997): Wozu brauche ich Flügel?, Wuppertal.

Bildredaktion:
Studio SÜD, oekom verlag

unsplash
S. 7 Daniel Gonzalez, S. 13 Bench Accounting, S. 17 hanan., S. 21 Priscilla du Preez, S. 25 Bernard Hermant, S. 29 Katarina Sikuljak, S. 33 Eric Gilkes, S. 55 Nathan Dumlao, S. 65 Aaron Burden, S. 69 Matt Montgomery, S. 73 Annie Spratt, S. 85 Anna Auza, S. 89 Maddi Bazzocco, S. 97 Heidi Sandstrom, S. 101 Annie Spratt, S. 105 Element5 digital, S. 117 Samuel Zeller, S. 125 Daniel Spase, S. 129 Eniko Kis, S. 133 Mark Tegethoff, S. 137 Alesia Kazantceva, S. 141 Mike Kotsch, S. 145 Fernando Lavin, S. 149 Priscilla du Preez, S. 153 John Towner, S. 161 Nathan Riley, S. 173 Kira auf der Heide, S. 189 Samara Doole, S. 193 Jonathan Willis, S. 197 Clarisse Meyer, S. 201 Markus Spiske, S. 205 Simon Migaj, S. 209 Youssef Naddam, S. 212 Helena Cook, S. 221 Steven Wright

pexels
S. 37 Kim Stiver, S. 45 rawpixel.com, S. 57 Pixabay, S. 77 Kristina Paukshtite, S. 93 rawpixel.com, S. 109 Burst, S. 165 rawpixel.com

pixabay
S. 49 Public Co.

Nachhaltigkeit bei oekom

Die Publikationen des oekom verlags ermutigen zu nachhaltigerem Handeln: glaubwürdig & konsequent—und das schon seit 30 Jahren!

→ Bereits seit 2017 verzichten wir bei den meisten Büchern auf das Einschweißen in Plastikfolie. In unserem Jubiläumsjahr machen wir den nächsten Schritt und weiten den Plastikverzicht auch auf alle ab 2019 erscheinenden Hardcovertitel aus.

→ Auch sonst sind wir weiter Vorreiter: Für den Druck unserer Bücher und Zeitschriften verwenden wir vorwiegend Recyclingpapiere (mehrheitlich mit dem Blauen Engel zertifiziert) und drucken mineralölfrei. Unsere Druckereien und Dienstleister wählen wir im Hinblick auf ihr Umweltmanagement und möglichst kurze Transportwege aus. Dadurch liegen unsere CO_2-Emissionen um 25 Prozent unter denen vergleichbar großer Verlage. Unvermeidbare Emissionen kompensieren wir zudem durch Investitionen in ein Gold-Standard-Projekt zum Schutz des Klimas und zur Förderung der Artenvielfalt.

→ Als Ideengeber beteiligt sich oekom an zahlreichen Projekten, um in der Branche einen hohen ökologischen Standard zu verankern. Über unser Nachhaltigkeitsengagement berichten wir ausführlich im Deutschen Nachhaltigkeitskodex (www.deutscher-nachhaltigkeitskodex.de). Schritt für Schritt folgen wir so den Ideen unserer Publikationen—für eine nachhaltigere Zukunft.

Dr. Christoph Hirsch
Programmplanung und Leiter Buch

Anke Oxenfarth
Leiterin Stabstelle Nachhaltigkeit

1, 2, 3 – plastikfrei

Anneliese Bunk, Nadine Schubert

Besser leben ohne Plastik

oekom verlag, München
112 Seiten, Broschur,
komplett vierfarbig,
13,– Euro
ISBN: 978-3-86581-784-6
Auch als E-Book erhältlich

»Bietet einen (...) bestens aufbereiteten Einstieg in das
Thema Plastikvermeidung (...). Beide Daumen hoch!«
Indra Runge, reformhaus.de

Plastik ist heute überall, selbst in unserer Nahrung und im Trinkwasser. Aber geht es wirklich
nicht ohne? Die beiden Autorinnen zeigen, wie und wo man im Alltag Plastik einsparen und
ersetzen kann – angefangen beim bewussten Einkauf bis hin zum Selbermachen.

oekom.de   DIE GUTEN SEITEN DER ZUKUNFT